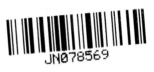

あなたがはじまる般若心経

問題に出会い「自分」がわかる

ver.0

重松昭春

はじめに　この時代に居合わせた人たちへ

歴史の流れの中に、「文明の転換期」とも呼ぶべきターニングポイントがあります。

その周期は数百年とも千年ともいわれますが、多くの人が考えているとおり、私たちが生きているこの時代は、まさにその転換期を迎えています。

このさき何が起きるかわからない世の中で、一番大切なのは、マネーでしょうか。

私は、老後資金の蓄財よりむしろ、誰もが「自分」をとらえ直し、「自分」を知ることに、新しい時代の潮流を乗り越えるための手がかりがあると思います。

これからは、自分の利害得失だけにとらわれて生きる時代ではなくなるからです。

インターネットが普及し、量子コンピュータが出現しつつある現代は、誰もが多様な情報やマネーとのつき合い方をひっきりなしに問われるようになりました。押し寄せる情報に右往左往しないためには、どうすればよいのでしょう。

フラットに情報と向き合って、疑問をやり過ごさず、借り物ではない自分のオリジナルな考え方をつくるために、何ができるか——本書では、そんなことも少し考えてみたいと思います。

仏典では、「人生は苦《く》なり」と語られています。

本書では「苦」を、「苦厄《くやく》」（人生の難問）とイコールではなく、「人生が思うようにならないこと」を指すものと定義しています(注)。苦しみはそこから生まれています。

なぜ、人生は思うようにならないのでしょう。

理由のひとつは、私たちが暮らすこの世界には、無数の「縁」が絶えず複雑に作用し合う「縁起《えんぎ》」の法則が働いていて、誰もそれに逆らえないためです。

もうひとつは、私たち人間が「無明《むみょう》」の意識状態にあり、お釈迦様のような「無分別《むふんべつ》智《ち》」をもち合わせていないためです。

『あなたがはじまる般若心経 ver.1』では、般若心経が、むずかしいお経ではなく、きわめて論理的で明解であることをお話ししました。その中で、「苦厄《くやく》」に出会うことを「問題」と呼び、具体的な解決の事例も紹介しました。

「空《くう》」には現象を生み出す力があるという私の解釈は、通説とはまったく異なるものです。

私は、仏教でいう「有為《うい》」の世界（私たちが暮らすこの世）と「無為《むい》」の世界（彼岸）を成立させている働きは異なると考えています。

それが、「縁起《えんぎ》」と「空《くう》」です。

「空《くう》」は完全に平安な無為《むい》の世界を成立させている働きで、「縁起《えんぎ》」の世界のあらゆる個別の現象は、「空《くう》」を根源として生み出されています。つまり、私たちが日々出会うさまざまな現象は、それが苦厄《くやく》という形で現れてきたとしても、常に「空《くう》」の世界からもたらされた「メディア（媒体）」なのです。

物事をこのようにとらえれば、般若心経に示された智慧《ちえ》は、かつてないほどすっきりと理解できます。

しかしもちろん、こう考えるには根拠があります。

本書では、私の般若心経論の背景を、以下の切り口からお伝えします。

①般若心経は私たちの意識に働きかける

②歴史の中での日本人の意識の変化

③般若心経が教える「縁起《えんぎ》」と「空《くう》」の関係

その上で、もう一度人生の諸問題と仏教そのものについて整理してみましょう。

私は、30代半ばで般若心経と出会い、89歳になる今日まで数えきれないほど般若心経の関連書を読んできました。しかし、多くの方からさまざまな悩みを相談されたとき、残念ながら、それらの書籍は、リアリティのある解決の方策を具体的に教えてはくれませんでした。

般若心経に示された仏陀《ぶっだ》の智慧《ちえ》は、実のところ、ほとんど知られていないと言っても過言ではありません。しかし、お経を素直に読みさえすれば、その秘密が驚くほどシンプルなものだということは、どんな人にもわかります。

私が長い探求の過程でたどり着いたことは、個人的な悩みだけでなく、世の中全体にかかわる問題解決の役にも立つものです。いま、この考えをできるだけ広くシェアすることで、複雑な問題をかかえた世の中を少しずつでもいい方向に変えていくことができると信じます。

私自身のこれまでの人生をひとつのサンプルに、般若心経というメディアを通して知った、秘密の智慧《ちえ》について書いてみたいと思います。いささか自伝的な内容を含むことをあらかじめお許しください。

本書では、『あなたがはじまる般若心経　ｖｅｒ．１』にのべた私の般若心経論の背景を書くとともに、前著と同じく、はじめにお経の全訳を掲げ、末尾にはお経の全文と重要な仏教用語の一覧を付しました。

般若心経の詳しい解説をご覧になりたい方は、『あなたがはじまる般若心経　ｖｅｒ．１』を合わせてお読みいただければ幸いです。

（注）「苦」についての同様の見解は、橋爪大三郎氏が、大澤真幸氏との対談集『ゆかいな仏教』（サンガ新書、２０１３年）で示している。

般若波羅蜜多心経　全訳

観《かん》自《じ》在《ざい》菩《ぼ》薩《さつ》がこの上《うえ》なく精妙《せいみょう》で深遠《しんえん》な「般《はん》若《にゃ》波《は》羅《ら》蜜《みっ》多《た》」という仏陀《ぶっだ》の智慧《ちえ》を実践《じっせん》された時《とき》、私《わたし》たちが暮《く》らすこの有為《うい》の世界《せかい》で、そこに働《はたら》く「縁起《えんぎ》」の法則《ほうそく》をつくる「五《ご》蘊《うん》」は皆《みな》、本質的《ほんしつてき》には「空《くう》」であることをはっきりとおわかりになって、この世《よ》の一《いっ》切《さい》の苦《くる》しみと厄難《やくなん》から解放《かいほう》されました。

舎利子《しゃりし》よ、教《おし》えましょう。

（「色《しき》」は、「縁起《えんぎ》」の世界《せかい》に現《あらわ》れた縁《えん》のひとつです）

「色《しき》」は、一見《いっけん》、「縁起《えんぎ》」を超《こ》えた「空《くう》」の次元《じげん》とは別《べつ》に思《おも》えますが、究極《きゅうきょく》のところでは、「空《くう》」と異《こと》なるものではありません。

（なぜなら「縁起《えんぎ》」の現象《げんしょう》はすべて、無為《むい》の世界《せかい》である「空《くう》」のメディアとして現《あらわ》れたものだからです）

もちろん、「色《しき》」を生《う》み出《だ》す「空《くう》」もまた、「色《しき》」と異《こと》なるものではありません。

（「色《しき》」と「空《くう》」とは裏表《うらおもて》のデュアルな関係《かんけい》、ひとつのものだからです）

（意識《いしき》が成熟《せいじゅく》した人《ひと》ならば、わかるでしょう。「縁起《えんぎ》」の世界《せかい》に現《あらわ》れた「色《しき》」というメディアの背景《はいけい》に、「空《くう》」という本質的《ほんしつてき》な次元《じげん》が存在《そんざい》することを。また、全体《ぜんたい》である「空《くう》」は、

部分《ぶぶん》である「縁起《えんぎ》」としてさまざまな形《かたち》をとって、この有為《うい》の世界《せかい》に現《あらわ》れてくることを）

「色《しき》」は即《すなわ》ち「空《くう》」、「空《くう》」は即《すなわ》ち「色《しき》」なのです。

「色《しき》」のほかの「受《じゅ》」「想《そう》」「行《ぎょう》」「識《しき》」という縁《えん》もまた、「色《しき》」と同《おな》じく「空《くう》」の一部《いちぶ》として有為《うい》の世界《せかい》に現《あらわ》れたメディアにすぎません。

舎利子《しゃりし》よ、教《おし》えましょう。

（「縁起《えんぎ》」の世界《せかい》のさまざまな縁《えん》――「諸行《しょぎょう》」――の背景《はいけい》には、これらを生《う》み出《だ》す「諸法《しょほう》」という働《はたら》きがあることを知《し》っていますね）

「空《くう》」には、「縁起《えんぎ》」における諸行《しょぎょう》のように個別《こべつ》に存在する現象《げんしょう》（相《そう》）も個我《こが》（エゴ）もありません。（これを「諸法無我《しょほうむが》」といいます。「空《くう》」とは、ひとつにつながった全体《ぜんたい》であり、本質《ほんしつ》の世界《せかい》です）

こうした「諸法無我《しょほうむが》」の「空《くう》」には、生《しょう》じたり滅《めっ》したりする変化《へんか》がありません。

（始《はじ》めもなければ終《お》わりもない、時間《じかん》と空《くう》間《かん》を超《こ》えた永遠《えいえん》の世界《せかい》です）

そこでは、垢《あか》がついてきたないとか、垢《あか》がついていないのできれいという区別《くべつ》もありません。

（そうした価値判断《かちはんだん》の世界《せかい》ではないのです）

増《ふ》えることも減《へ》ることもありません。

（相対的《そうたいてき》な変動《へんどう》のない世界《せかい》だからです）

このため、「空《くう》」の世界《せかい》には、「縁起《えんぎ》」の世《せ》界《かい》の「五蘊《ごうん》」――「色《しき》」「受《じゅ》」「想《そう》」「行《ぎょう》」「識《しき》」は存在《そんざい》しません。

同じように「空《くう》」での「自分《じぶん》」を考《かんが》えた時、「眼《げん》」「耳《に》」「鼻《び》」「舌《ぜっ》」「身《しん》」「意《い》」などの器《き》官《かん》は存在《そんざい》しません。器官《きかん》がないので、その働《はたら》きの対象――「色《しき》」「声《しょう》」「香《こう》」「味《み》」「触《そく》」「法《ほう》」もありません。

その働《はたら》きによる認識《にんしき》――「眼識《げんしき》」「耳識《じしき》」「鼻識《びしき》」「舌識《ぜっしき》」「身識《しんしき》」「意識《いしき》」もありません。

（私《わたし》たち人間《にんげん》は「無明《むみょう》」の存在《そんざい》であると知《し》っていますね）

「空《くう》」の世界《せかい》には「無明《むみょう》」はなく、「無明《むみょう》」を消滅《しょうめつ》させることもありません。

また、「老死《ろうし》」もなく、「老死《ろうし》」がなくなることもありません。

「苦諦《くたい》」「集諦《じったい》」「滅諦《めったい》」「道諦《どうたい》」もありません。

悟《さと》ることも、得《え》ることもありません。

なぜなら「空《くう》」（という完全《かんぜん》な存在《そんざい》）の世《せ》界《かい》では、得《え》たり失《うしな》ったりすること自体《じたい》がないからです。

菩薩《ぼさつ》もまた、「般若波羅蜜多《はんにゃはらみった》」によって、罣礙《けいげ》というとらわれをその心《こころ》から取《と》り除《のぞ》くことができました。

心《こころ》に罣礙《けいげ》がなくなると、罣礙《けいげ》が生《う》み出《だ》す恐怖《くふ》もなくなり、世界《せかい》や人生《じんせい》についていだいていた一切《いっさい》の真実《しんじつ》に反《はん》した妄想《もうそう》や錯覚《さっかく》から解《と》き放《はな》たれ、苦《く》は解消《かいしょう》され、涅槃寂静《ねはんじゃくじょう》の境地《きょうち》に至《いた》ります。

過去《かこ》・現在《げんざい》・未来《みらい》の三世《さんぜ》におられる諸仏《しょぶつ》も、「般若波羅蜜多《はんにゃはらみった》」により、この上《うえ》なき悟《さと》りを得られました。

よって、「般若波羅蜜多《はんにゃはらみった》」が、きわめて素《す》晴《ば》らしい「呪《じゅ》」であることがわかります。

それは、偉大《いだい》な「大神呪《だいじんじゅ》」であり、「無明《むみょう》」を消滅《しょうめつ》させる「大明呪《だいみょうじゅ》」であり、この上《うえ》なく素晴《すば》らしい「無上呪《むじょうじゅ》」であり、他《た》に比《くら》べるものもない「無等等呪《むとうとうじゅ》」です。

この「呪《じゅ》」は、一切《いっさい》の苦《く》を取《と》り除《のぞ》くことができます。

これは、真実《しんじつ》であって、嘘《うそ》ではありません。

よって、この「般若波羅蜜多《はんにゃはらみった》」の「呪《じゅ》」についてのべるならば、その内容《ないよう》は、次《つぎ》のとおりです。

　渡《わた》った、渡《わた》った。

苦《くる》しみの此岸《しがん》から喜《よろこ》びの彼岸《ひがん》に渡《わた》った。

喜《よろこ》びの彼岸《ひがん》に、皆《みな》が渡《わた》り切《き》っている。

悟《さと》りは成就《じょうじゅ》した。めでたし。

ここに「般若波羅蜜多《はんにゃはらみった》」の心呪《しんじゅ》を終《お》えることにいたします。

Heart Sutra :Translated By Akiharu Shigematsu

目次

第2章 日本人の宿題

第1章

般若心経と私たちの意識活動

人間は「無明」の存在ですが、自分を悩ませる問題を解決する力が備わっています。

その力は、自分の意識状態がよい方向に変わったとき、発揮されます。

どんな人にも、肉体にとらわれることのない宇宙意識が働いています。

創造性を発揮し、生き生きと暮らすためには、自分の中にある宇宙意識を発動させる必要があります。

1　災難に見舞われたとき

大地震に遭い、死を思う

１９９５年１月17日、当時神戸市東灘区に家があった私は、未明に阪神淡路大震災を経験しました。

眠っていた妻と私は、突然、ゴオーッという異様な地響きに飛び起きました。間髪を入れず、ドドドドドド……というすさまじい上下動に襲われました。幸い、このとき、重いたんすの下敷きにはならず、私たちは死を免れました。

真っ暗な闇の中で、私は自分の置かれている状況が、まさに「無明《むみょう》」の人生に似ている、と感じました。

「無明《むみょう》」とは、文字どおり「明《みょう》（あかるさ）」がないことです。「明《みょう》」は、この世界を形成する根源的な「仏陀《ぶっだ》の智慧《ちえ》」を指します。私を含め、ほとんどの人は、「明《みょう》」をもたない「無明《むみょう》」の存在です。

そして私たちは、たくさんの縁の働きで、この世に生まれ、生かされています。

さまざまな縁が複雑にからみ合っていることを「縁起《えんぎ》」と呼びます(注)。「縁起《えんぎ》」の法則があるために、この世は「諸行無常《しょぎょうむじょう》」に移り変わっています。

人間は、「無明《むみょう》」の存在で、何事も自分の思うようにはなりません。縁に従い、「諸行《しょぎょう》無常《むじょう》」の生き方をせざるを得ないのが人生の構図です。

いま、この暗闇に閉じこめられて、何もできず、死を覚悟しかけた状況は、人生の構図そのものでした。私たちに一切の自由はありません。次にまた激しい揺れが来れば、一瞬にして人生は終わりです。

ただひとつ、いまは、死ぬことをどのような心境で受け容れるのか、そのことを私は問われていました。そして、私が自由に決めることのできるのは、それだけでした。

ここまで思い至ったとき、私は改めて気づいたのです。

一見、自由がないように見える人生の構図の中でも、それをいかに受け容れるかという自由は、私に与えられています。老いも病も、その他のつらいできごとも、避けることはできないにしても、受け容れ方においては、私たちは自由を発揮できるのです。

破局的状況からの創造すら、あり得ないとはいえません。ドイツの強制収容所で生活したフランクルは、『夜と霧』で、まさにそれを描いています。

「無明《むみょう》」の人生であっても、これを受け容れて自由を追求する生き方ができれば、どんなできごとも自分が進化するチャンスになり得ます。

仏陀《ぶっだ》にとっては、死さえも進化のチャンスだったのではないでしょうか。

（注）　有為の世界に生きる衆生は、「此有が故に彼有、此滅するが故に彼滅す」という「縁起」によって存在している。よって、「縁起」は、「原因と結果」のような単純な因果律ではなく、科学でいう複雑系のように、あらゆる現象を諸行無常に変化させる絶え間ない縁の相互作用と考えると、私たちが暮らす世界の実状をとらえやすい。

人生の諸問題

災害や病気以外にも、私たちの人生には、思いがけないことが、いつでも、いくらでも起きてきます。自分のそれまでの人生が、よくも悪くも根底からひっくり返るようなことも経験します。

しかし、どんなつらいできごとも、「諸行無常《しょぎょうむじょう》」のひとつの形態にすぎません。ほんとうに大切なことは、自分がなぜ、このような人生を歩まされるのか、ということです。

私たちは、「縁起《えんぎ》」の法則に従い、他者に依存して生きています。この世に人間として生まれてきたことさえ、自分の自由な意志ではありません。それをふまえ、どんな問題に見舞われた時も、いつも自分の心を冷静に観察していきます。

すると、「縁起《えんぎ》」に従わざるを得ない浮世《うきよ》の自分にも、「縁起《えんぎ》」の支配を受けることのない意識が働いていることに気がつきます。

慈悲の心などはそのひとつです。もし、そうした意識の働きが十分に強くなれば、私たちは、「縁起《えんぎ》」の法則から解放され、自分がしたいと思うことができるはずです。

人間とは、実は、「縁起《えんぎ》」を超える可能性を秘めているのです。

問題に出会うと、誰でも、「人生とは何か」「なぜ私は、このような目に遭うのか」「自分とは何か」「自分はなぜ、こんなことをしているのか」、などと考えるようになります。

「自分のしていること」とは、仏教では、「三業《さんごう》」（注）といって、行動だけでなく、言葉に出すこと、心に思うことも、すべて自分の行為です。中でも、自分の意識がどのような状態にあるかは、生き方を左右する重要なポイントになってきます。

いままでの科学は、「自分とは何か」という問いには答えを与えてはくれません。

科学は、自分をこちら側において、外側にある対象について客観的に観察した結果を数値で表そうとする学問だからです。数値は、この世の現象の一面にすぎません。つまり、**科学が扱っているのは、あくまで「縁起《えんぎ》」の世界の一部だけ**なのです。

哲学なら人生の問題に答えをくれるかというと、頭で考えることは、しょせん「無明《むみょう》」の意識で行うことですから、こちらもあまり当てにはなりません。

宗教に答えがあるかと、仏教やそれ以外の宗教について研究してみましたが、疑問は解消されませんでした。

（注）　三業（さんごう）　「身業（しんごう）」（身体による行為）、「口業（くごう）」（口を使い言葉を語る行為）、「意業（いごう）」（意識による行為）の3種類の行為。「身・口・意（しん・く・い）」と総称される。

般若心経との出会い

私が般若心経と本格的に出会ったのは、１９６０年代後半、30代半ばのことでした。当時の私は、病気の父のことで悩んでいました。神戸で般若心経の講座を開いていた巽《たつみ》直道《じきどう》氏（故人）が、私が住んでいた山陰方面へ話をしに来られると聞いて、出かけたのです。

それ以前も、仏教関連の書籍はある程度読んでいましたので、般若心経について多少の知識はありました。それでも、直道氏の話は、冒頭にいきなり空飛ぶ円盤の話が出てくるなど、想像していた仏教講話とは大きく異なる展開で、度胆《どぎも》を抜かれたのを覚えています。

話自体は、とくに奇をてらったものではありませんでした。直道氏は、既存の仏教関連の書籍を読破され、脳生理学や心身医学、深層心理学、超心理学、聖書から神道にいたるまで、膨大な知識をもった方でした。早稲田大学電気工学科出身のエンジニアらしく、般若心経の構成を論理的にとらえ、明解な解説は誰にも理解しやすいものでした。

直道氏は、「人間は、本質的に精神的な存在である」との認識に立ち、「精神によって、私たちの生を衛る《まも》」という意味で「新精神衛生学」という講座を開いていました。

ご探求の途上で、般若心経という短いお経に仏教の核心となる深い智慧《ちえ》がきわめて簡潔にまとめられていることを発見し、講座名を「般若心経講座」と改め、その智慧《ちえ》の実践を通して多くの人のいろいろな問題を解決していました。

直道氏の講義を聴いて、その理論に従うだけで、大学病院でも治らなかった難病の人の80%が全快または軽快していきました。常識では考えられないことです。

なぜ、このような超常現象ともいえることが起きたのでしょうか。

難病は、動物にはありません。大脳新皮質をもつ人間だけがかかります。

直道氏の考えは、難病のほとんどは、大脳新皮質がつくり出す「人間病」であり、人間は病気を自分の感情で作り出していることが多い、というものでした。

受講者は、講座に参加し、氏の著書を熟読し、他の人の経験談を聞いて自分の意識状態を観察し、読経《どきょう》をしながら、「般若波羅蜜多《はんにゃはらみった》」を「口業《くごう》」や「意業《いごう》」として熱心に実践するだけです。

「般若波羅蜜多《はんにゃはらみった》」とは、般若心経にのべられた「呪《じゅ》」、すなわち「真言《しんごん》（マントラ）」

です。空海が『般若心経秘鍵《はんにゃしんぎょうひけん》』でのべているとおり、真言には「無明《むみょう》」を滅する力があります。

言霊《ことだま》としての「呪《じゅ》」の力を理解していた私も、苦厄《くやく》に悩む方から相談を受けると、それぞれの状況に合った「般若波羅蜜多《はんにゃはらみった》」を繰り返し口に出して唱えるよう助言しました(＊1)。

直道氏のところで学ぶ人たちは、生活の中で「般若波羅蜜多《はんにゃはらみった》」を実践し、自分の意識の状態を観察し続け、いろんなことに気づかされていきました。そうするうちに、「現代医学では治療できない」と言われた難病の人たちが次々と治っていきました。

家族に連れてこられ、終始反発し続けていた胃がんの人が、講座に参加した帰り、突然空腹になってお寿司を二人前平らげて以後、快方に向かった例もありました。

直道氏のところで難病が治ったことに対して、仏教を実践に活《い》かせない専門家の一部からは、「単なる病気治しだ」「現世利益《げんぜりやく》にすぎない」などといった批判もありました。

しかし、そもそも仏教の重要なテーマは、私たちの人生における苦厄《くやく》の解消であるはずです。肝心のテーマを置き去りにしている人から、そのような批判をされるのは、実に不当なことでした。

直道氏は、般若心経の智慧《ちえ》を現実世界《リアルワールド》（real world）で実践的に活用された先駆者でした。般若心経を３部構成としてとらえることを、私に教えてくださった方でもあります。

精神を病む人に教えられる

その頃の私は、学習塾を開いて中学生と高校生を教えていましたので、子どもさんを預かるにあたって、ご家族からさまざまな相談を受けることがありました。

「おねしょ」の問題に始まり、いまでいう統合失調症やノイローゼの子どもについても、しばしば相談されました。その中で、子どもの状態に家族が及ぼす影響や、病気にかかる人とその人の自我の関係についても考えるようになりました。

大学入学後にノイローゼになった子どものことで相談を受けたことが何度かありました。会ってみると、本人は、自分の精神状態がふつうではないことを認めていません。家族が精神科に連れて行こうものなら、「なぜ、自分をこんなところに連れてきたのか」と、かんかんになって怒り出します。

しかも、たいてい大事に甘やかされて育ったために、何かひとつうまくいかなくなると、それに耐えられず、たやすく神経を病み、逆に他の人を批判するようになってしまいます。

彼らは、総じてかなり自我が強いという印象を受けました。ここでいう自我とは、自分にこだわる個我（エゴ）ともいうべきもので、強すぎる個我によって、いろいろなことがうまくいっていないのに、自分ではそういった意識がまったくないのです。

けれども、ノイローゼの人を見ていて、私は、あることを思いました。それは、精神を病んだ人たちだけが特別に異常なのだろうかということです。

私たちの誰も、自分がどのような状態なのか、真の意味ではわかっていません。自分のしていることが、おかしなことでないという保証はどこにもないのです。

多かれ少なかれ、人間は誰もが等しくエゴに支配された自分本位の生き物です。根本的なところでは、精神を病んだ人と何も変わりはありません。

私たちに、彼らをおかしいなどと言うことはできないと思います。

マネー至上主義の人がいい例です。バブルの時代に、「金がないのは首がないのと同じ」と言って資産を増やそうとして、マネーを失い、逆に借金を抱えることになった人がたくさんいました。彼らは結果的に、「金があっても首がないのと同じ」人生を歩みました。

そして地球全体では、エゴに支配された人々が、宗教上の信念や経済的な利害の対立を理由として、頻繁に殺し合っています。神の名のもとに正当化される人殺しすらあります。この異常な事態が、精神を病んでいないと言えるでしょうか。

ほとんどの人間は、自分のことがよくわかっていない「無明《むみょう》」の存在です。しかし、同時に、自分のかかえている問題を解決してしまうような大きな可能性も秘めています。

私の仏教への関心と人間探求は、般若心経との出会いを機に、さらに深まっていきました。

般若心経に見る仏教のエッセンス

今日伝えられている経典は、お釈迦様をはじめとするたくさんの仏陀《ぶっだ》の教えとされています。この数たるや実に膨大で、すべてに目を通すことは到底できません。

まず、内容の信ぴょう性については、口語であるパーリ語（巴利語）で記された口伝《くでん》がどの程度正確かという問題があります。一方、文語であるサンスクリット語（梵語《ぼんご》）で記された仏典には、記録者の解釈が含まれることがあり、ほんとうにお釈迦様の言葉どおりに伝えられているのか、疑問視されています。

例えば、原始仏教（上座部仏教）の経典である『阿含経《あごんきょう》』も、今日伝えられた形をとるまでに数百年経過しており、パーリ語、サンスクリット語、漢訳など、数種類の経典で内容に食い違いがみられます。

原始仏教を研究する人は、「お釈迦様の入滅《にゅうめつ》直後に編纂《へんさん》された原始仏教こそが真のお釈迦様の教えである」と主張します。そして、入滅後数百年も経ってから編纂された大乗仏教の仏典を「お釈迦様の教えではない」とする「大乗非仏説《だいじょうひぶっせつ》」を唱えました。単に著者が原始仏教の立場に立っているという理由から、般若心経そのものを批判する書籍まであります。

これに対し、大乗仏教を研究する人は、原始仏典にお釈迦様の真意がすべて伝えられているとは限らないと考え、主として「空《くう》」の思想に重点を置いた解釈をしています。

「空《くう》」については、『阿含経《あごんきょう》』でものべられていますが、内容が詳しくないのです。

さらに、初期の原始仏典である『スッタニパータ』は、お釈迦様の言行《げんこう》とかなり一致しているとされながらも、古代インドの常識とされた「梵《ぼん》我《が》一如《いちにょ》」（注1）のヴェーダの思想が混じっている点に対し、批判があります。

これは、「現世《げんせ》の苦は過去世《かこせ》の業《ごう》（カルマ、宿業《しゅくごう》）によって生ずるので、修行によって業を浄化し、苦厄《くやく》を解消する」という考え方です。

しかしお釈迦様は、「宿業論《しゅくごうろん》」が、「我見《がけん》」すなわち「自己に対するとらわれ、エゴイズム」であり、「諸法無我《しょほうむが》」の真実に反するとして否定されています（注2）。

こうした仏典の成立事情を考えると、果たしてお釈迦様の説法をそのまま伝えている経典が存在するのか、という疑問が生まれます。むしろ、個別の経典と解説を逐一読破することは、特定のものにとらわれて全体を見誤ることになりはしないでしょうか。

それよりも大切なのは、「**仏教全体に首尾一貫して伝えられてきたエッセンスとは何か**」をつかむことです。

般若心経は、他の仏教の経典と同じく、お釈迦様が説いたという形をとっています。

仏教の経典は、実際には、お釈迦様がご自分で書かれたものはひとつもなく、弟子が聞いたとされることがらを仏教の専門家が調べて書いたものばかりです。

そこにお釈迦様の思想がどれほど反映されているかは、示された智慧《ちえ》によって、どれだけの人が苦厄《くやく》から解放され、救われたかによって判断できるのではないでしょうか。

それこそが、真実ではないかと私は思います。

私は、「般若心経には、仏教のエッセンスである『三法印《さんぽういん》』――『諸行無常《しょぎょうむじょう》』『諸法無《しょほうむ》我《が》』『涅槃寂静《ねはんじゃくじょう》』がすべて入っている」という説に従って、般若心経に関心をもつようになりました。

私は、大乗仏典のひとつである般若心経が、仏教の核心に迫るきわめて有効なガイドであると思い、般若心経の理解を深めることを通して仏教の理解を深めていこうと決めたのです。

（注1）ヴェーダの思想は輪廻説と結びついて、「アートマン＝我（が）」の実在である個々の魂が生まれ変わり、さまざまな修行を重ねて進歩向上し、宇宙の根本原理である「ブラフマン

＝梵（ぼん）」との一体化すなわち「梵我一如（ぼんがいちにょ）」を知ることが解脱を促すと考えられてきた。

（注2）『雑阿含経（ぞうあごんきょう）』（阿含経のひとつ）の中に、「無常なるはすなわち苦なり。苦なるは我に非ず。我に非ざるはすなわち我所に非ず。かくの如く観ずるを真実の正観（しょうかん）と名づく」という記述がある。これは、「苦は我（アートマン）ではなく、我所（アートマンの所有）ではない」の意味で、苦が縁に依存して生じ、宿業によって生じるのではないことを示している。

2　リアルワールドと意識

金星人の健康観

直道《じきどう》氏の般若心経の講義の冒頭に、空飛ぶ円盤の話が出てきたことはお話ししました。

19世紀後半、南フランス・オルゲイユ村の周囲一帯に隕石が落下しました。その成分に有機物が含まれていたため、地球外に生命体が存在する可能性が浮上してきました。また、グリーンランドで発見された隕石には、通常の圧力では生成しないダイヤモンドが含まれており、少なくとも月の大きさをした天体で形成されたと見られました。

米国航空宇宙局（ＮＡＳＡ）は、地球外の生命体を調査するために、１９５９年、月と隕石の起源に関する学会を開催し、１９６０年には、天文学者のフランク・ドレイクなど一部の学者が、「オズマ計画」への取り組みを開始しました。「オズマ計画」は、地球外知的生命体がいることを前提に、どのくらいの確率で存在するかを調査する試みでした。

その頃、ポーランド系アメリカ人のジョージ・アダムスキーが書いた『空飛ぶ円盤同乗記』（＊２）や、『空飛ぶ円盤の真相』（＊３）などの著作が一部の人の間で注目されていました（注１）。まだ日本に本格的なＵＦＯブームが到来する前のことです。

アダムスキーは、もともと東洋思想に関心をもっていた人物で、金星人との遭遇を機に、彼らの思想に興味をもちました。宇宙人の存在の真偽は別としても、アダムスキーが紹介した宇宙人の健康観は、非常に興味深いものでした。

「もし人間が、いつまでも楽しく健康でありたいならば、あらゆる状態のもとで保たれる感情のバランスが基本的なものとなる」（『空飛ぶ円盤の真相』、59ページ）。

これは、今日の医学の常識となっている精神神経免疫学（注2）の考え方とほぼ同じで、生命や健康をホリスティック（全体的）な視点からとらえています。

これはまさに、**人間の意識の状態が肉体の健康を左右する**という考え方です。

直道氏がアダムスキーに注目した理由が、ここにありました。氏は、「精神が治療に影響を与える」という理論で実践に取り組んでいました。

「なぜ、自分しか知らないことを、彼は、こともなげに言っているのか。これは、ただ者ではない」と考えました。

私たちの意識と健康の関係については、現在では、当時より研究が進んでいます（＊4、＊5）。

もし、病気を治そうと躍動する生命力が、人間の意識や感情と深い関連をもつならば、それは誰にでも備わったあたりまえの力であるはずです。つまりそれは、**ごくふつうの人間である私たちみんなに、超常的な現象を起こす力がある**ことを意味しています。

当時は、ＵＦＯや宇宙人が実在するかどうかばかりが取り沙汰されていましたが、最近、れっきとした科学者（＊6）や、虚偽を口にしないことを厳しく訓練された航空自衛隊員が目撃談を出版しています（＊7）。

（注1）ジョージ・アダムスキーの著作には、他に『宇宙哲学』、『生命の科学』、『精神感応――宇宙語の理論と応用』などがある。アダムスキーには、さまざまな批判があるが、彼の哲学に検討すべき点があることは見逃されている。

（注2）精神神経免疫学　１９７０年代に神経やホルモン（内分泌系）と免疫の関連についての研究が進んだことによって、人間の心（精神）の状態が神経系・内分泌系・免疫系を介して健康状態全般を大きく左右することを明らかにした学問。これにより、いわゆる「病は気から」を科学的に証明できるようになった。

意識が現実に及ぼす作用

例えば、催眠状態に誘導されると、人は、意識の世界でジュースを飲み、そのジュースの味まで感じます。もちろん、実際にジュースを飲んでいるわけではありません。

臨床の現場では、催眠について真摯《しんし》な研究がなされ、実際に治療に活用されてきた数々の事例があります（注）。

私も、かねてから催眠研究の意義は理解していましたので、催眠について調べ、自分でも催眠を習得しました。しかし、催眠によって起きたことを見て、催眠に絶対的な評価を与えることは、また別の問題であるとも考えていました。

あるとき、私が何かの集まりで話をした折に、催眠について少しふれ、実際に参加者のひとりに催眠をかけたことがありました。そのあと、会に参加した別な方から、催眠とは直接関係のないひとつの相談を受けました。

実は、娘にお婿《むこ》さんが来てほしいが、自分の家を継いでほしいので、養子に来てくれる人を探している。そのような人を見つける方法があるか、という質問でした。

私は、その人が、自分たちの要望だけしか考えていないことと、相手の人が来てくれるとしても、その人の幸福などは考えていないことを指摘しました。

自分や自分の周囲にいる人たちだけの利益を中心に考える行為が、問題解決の鍵となる宇宙意識（40ページ参照）の発動に結びつくことは考えられません。**宇宙の叡智《えいち》は、万物が協力し合うことによって、互いを進化させるためにある**ものだからです。

そのとき私は、こんなふうに言いました。

「こんなお婿さんが来てくれるといいなあ、という理想の人をイメージしてください。そして、お嬢さんがその人にふさわしくなれるように毎日過ごされたら、いずれその理想の人に巡り会えると考えたらどうですか？」

半年ほどして、その人がお礼に来られました。私のアドバイスどおりにイメージして、娘がその人にふさわしくなるようにと毎日心がけていたところ、なんと希望どおりの男性が現れたということです。

（注）日本の心身医学の草分けである池見酉次郎氏の『催眠』（ＮＨＫ出版、１９６７年）に詳しい。

創造性と固定観念

この話を単なる偶然と言うこともできるかもしれません。とはいえ、**意識の力が人をある状況に導く**ことは、自己開発を研究していた多くの人が主張していたことです。

私は、人間の生命力が積極的に動き出すことが、能力や創造性を開発する基礎になるのではないかと考えました。そして、文献や実践例をいろいろと調べました。

創造性が発揮されるために大切なのは、**意識を建設的な方向に向ける**ことです。けっして自分の利益だけにとらわれず、物事や状況がいまよりよくなっていくと、常に思うのです。

しかし、私たちの心象（イメージ）の中には、常識や固定観念が居座って、本来の創造性を発揮することを邪魔しています。固定観念を何とかして打破しなければなりません。固定観念は、私たちの物事に対する知覚力や理解力が低いために生じると考えられます。

知覚力の低さは、動物から見た世界が人間とはまったく異なることを考えてもわかります。私たちは、たいてい、自分の感覚器官や体験に基づいた肉体的な意識だけで物事を理解しており、その理解力に応じた程度に習慣的に心を働かせているだけなのです。

本来、私たちは、あらゆる生命体と同じく、宇宙・自然の一部として生まれた存在です。肉体の細胞やそのメカニズムは、宇宙意識の働きがあって成り立っているのですが、私たちはふだん、宇宙意識の働きには気づかず生活しています。

もし、世の中のあらゆる現象を、脳神経系が生み出すとされる肉体的な意識だけで知覚するのではなく、宇宙意識を活用して知覚できれば、物事の本質がわかり、もっと創造的な生き方ができるのではないでしょうか。

いろいろな物事を見聞きしたとき、できるだけ固定観念をもたないよう心がけることは、自分の中の創造性を発揮するために役立つはずです。

１９１２年にノーベル医学・生理学賞を受賞し、『人間　この未知なるもの』（＊8）を著《あらわ》したアレキシス・カレルは、「私たちの生命力は、必要とあらば私たちの常識を超えて、すばらしいことをやってくれるという事実がある」、「私たちが、生命力というものについて、本来不可能を認めないという前提の下《もと》に立たねばならない」とのべています。

哲学者のアンリ・ベルクソンは、「意識と生命」（＊9）において、脳を「選択の器官」と呼びました。さらに、脳をもたないアメーバでは、生きるための行動が、「考える」という行為なしに成立していることを例に、**意識活動に脳髄は不要**であるとのべました。

意識は「選択と同じ意味」であり、「生命と同じひろがり」をもつ働き、エネルギーなのです。

意識がつくるエネルギーの「場」

意識には、「個別の肉体にある心（sense mind）」だけでなく、「宇宙意識（cosmic consciousness）」があります。私は、**「肉体の心」は、根源である「宇宙意識」が個々に部分的な現象として現れた「メディア」**としてとらえるべきだと思います。

肉体の心は、大きな河の水の中に小さな泡があるように、ひとつにつながった大きな宇宙意識の一部です。逆に見れば、常に球体として存在している月（宇宙意識）が、半月や三日月になるように、別々の姿（肉体の心）で現われたものにすぎません。

仏教の世界観に照らし合わせてみましょう。

世界には、現象の世界である有為《うい》の世界と、本質の世界である無為《むい》の世界があります。

肉体の心は、現象世界に存在する「縁起《えんぎ》」の次元の意識です。一方、宇宙意識は、本質の世界に存在する「空《くう》」の次元の意識です。

人間には、本来、広大な宇宙意識が働いています。しかし、私たちは肉体をもっているために、それぞれの肉体に個別の心や意識があり、個別の魂があると思いこんでいるのです（注）。

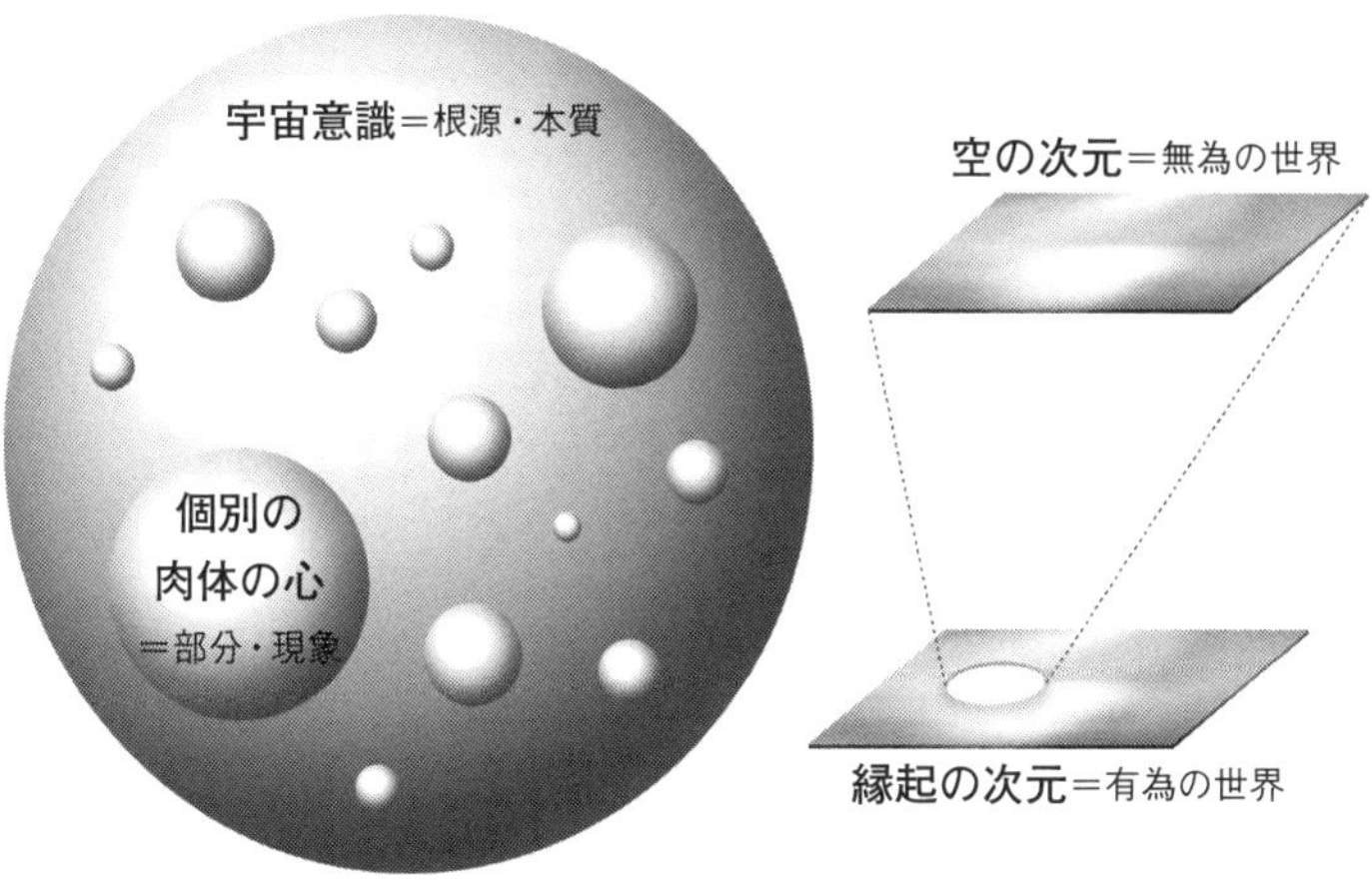

宇宙意識と肉体の心

個別の意識は、本来、根源である宇宙意識から来て、また宇宙意識へと戻っていくものです。

ところが、死によって肉体が滅んだとき、供養《くよう》していないと、肉体にあった心は宇宙意識に戻ることができません。しかも、その「残された心」は意識の「場」をつくり、その人が亡くなった環境や物質に付着して残り、「フォース・フィールド（force field）」となることがあります。

「フォース」という言葉は、映画「スターウォーズ」では「理力《りりょく》」と訳され、「ドラゴンクエスト」のゲームでも「見えない力」の意味で使われています。

フォース・フィールドとは、見えない力によって形成される「場」です。

いわゆる霊能者は、鋭敏な知覚をもっているため、それを幽霊のようなものとして知覚します。

例えば、かつての戦場には、死んだ人の「肉体の心」が供養《くよう》されないままいつまでも残っていて、そこに意識の「力の場」（フォース・フィールド）が形成されています。それが心霊現象として知覚されるのだと思います。

私は霊能者ではありませんが、これまでに何度かフォース・フィールドらしき場所で、その力の影響を受けている人たちが解放されるように努めた経験があります。

特殊能力をもっていない私に、なぜそんなことができたのでしょうか。

私はただ、物や場所に付着する意識のエネルギーが、いわゆる霊界とは無関係だと認識しており、それを取り除く方法を知っていたにすぎません。

肉体の中にだけ意識があるといった「縁起《えんぎ》」の次元から物事を見ていると、現象にとらわれてしまい、決して本質をとらえることはできません。

そう考えると、ひとつにつながった宇宙意識を通じて互いにコミュニケーションを行うテレパシー（精神感応）も、意識が直接物質に影響を与える「念写《ねんしゃ》」も、とりたてて不思議な現象ではないということになります。

（注）医師のラリー・ドッシーは、意識にスペクトル（階層）があるという考えに基づき、意識が完全に物質的な脳に局在せず、脳やからだを超えて現れた例を示している。さらに、個人に所属しない普遍的な「魂」が存在し、それは宇宙意識と同義であるとしている（＊10）。

UFOブームの到来

さきにお話ししたジョージ・アダムスキーは、世界中からの問い合わせに答えるために、１９５７年からＧＡＰという活動を開始しました。ＧＡＰ（Get Acquainted Program）は、「知らせる運動」という意味で、宇宙哲学についての理解を通じて友情を促進する非政治的・非宗教的活動でした。

しかし、それまでの天文学の常識から、大半の人は金星人などいるはずがないと考え、アダムスキーの著作の内容には、多くの批判がありました。

日本には、訳者の久保田八郎氏によってＧＡＰの支部が創設されました。メンバーの中に、東京大学数物系大学院の出身で、『宇宙の四次元世界』（大陸書房）などを書いた愛媛県のＵＦＯ研究家・清家《せいけ》新一氏がいました。

「空飛ぶ円盤（ＵＦＯ）」については、かつてアメリカで、「タイム」「ライフ」と並んだ有名な雑誌「ルック」（１９７２年廃刊）が、たしか１９６７年、その特集を組みました。ＵＦＯの存在については肯定派と否定派がありましたが、掲載されたＵＦＯの写真は、ブラジル海軍兵やアメリカの宇宙飛行士が撮影していたと記憶しています。

注目すべきは、ＵＦＯを一般市民が目撃した際、それを公的機関に報告する際の様式があったことです。「ルック」誌はその様式を載《の》せ、ＳＦ作家の小松左京氏（故人）が、当時ＮＨＫの番組で「ルック」誌を手に、この話題を紹介しました。

アダムスキーの体験記については、アメリカの多くの学者が否定的にとらえていたことから、日本でも否定論が優勢となり、今日でもそれが続いています。ひとこと「ＵＦＯ」と口にした途端にオカルト扱いで、「頭がおかしい人」というレッテルを貼られます。

そんな中、直道氏はアダムスキーの健康観に注目し、清家氏は、アダムスキーの説明やＵＦＯの外観からその飛行原理とエネルギー理論を導き、重力場という空間エネルギーを電気に変換できると考え、論文や著書を発表していました。

彼の研究は、多くの批判を浴び、その一方では注目されていました。

私も頼まれて、清家氏が自費出版した『超相対性理論』を大阪の旭屋書店に置いてもらうよう働きかけ、60冊を売り上げたこともありました。

フォン・ブラウンとのニアミス

当時、一部の科学者は、アポロ宇宙船の開発者として名高かったヴェルナー・フォン・ブラウン博士と、ＤＩＲ（Desk of International Relationship）というコミュニケーションの場を通して直接やりとりしていました。

清家氏は、所属をＧＡＰからイギリス宇宙研究協会に移し、ＤＩＲを介してブラウン博士にメッセージを送っていました。博士は博士で清家理論を高く評価し、注目していました。私も二人のやりとりの一部を見せてもらったことがあります。

昭和四十六年（1971年）、NHKがフォン・ブラウン氏を招き、各地で講演会を開催しました。開催地のひとつが、大阪の毎日国際サロンでした。清家氏は、当時、大阪にも家があった私にブラウン博士の手紙を見せ、「どうしてもフォン・ブラウン氏に自分の本と手紙を渡してほしい」と頼みました。私は代理で出向くことになりました。

「フォン・ブラウン氏はNHKのVIPだから直接会うのはむずかしいのでは？」と思いましたが、ふと、以前NHKの名古屋放送局長だった中道了丈《なかみちさだお》氏を思い出しました。

中道氏は、超常現象に詳しいフランス文学者・平野威馬雄《ひらのいまお》氏（注）との対談本を出版し、アダムスキーの著作もご存じでした。連絡がつくと、以前から清家氏の研究に関心があったとのことでブラウン博士への橋渡しをご快諾、私は会場で待つことになりました。

ところが当日、遅れて到着した博士は私のすぐ目の前を通り過ぎ、結局、清家氏の本と手紙はNHKの人にことづけて帰りました。

このときは、中道氏とも面識がないままで、よもやその後、東京での念写協会の設立時に再びお目にかかることになるとは思いもよりませんでした。

中道氏は、その後、日本の念写研究に大きな役割を果たされました。

（注）平野威馬雄氏は、人気の料理研究家であるシャンソン歌手・平野レミさんの父君

念写――意識が映し出す像

昭和四十六年（１９７１年）に、社会運動通信社の専務であった宮内力《みやうちつとむ》氏のご努力で、日本に念写協会が設立されました。宮内氏は、巽直道《たつみじきどう》氏のところで、催眠心理学者の福《ふく》来友吉《らいともきち》博士のことを含め、熱心に研究をしていた方です。

念写《ねんしゃ》（nengraphy）とは、厳格に密封された写真原板に意識を送ることによって光化学類似現象を生じるものです。つまり、何もないところに、人間がイメージした文字や映像が浮かび上がるのです。

日本での念写の歴史は、福来友吉博士にさかのぼります。福来博士は、東京帝国大学で催眠心理を研究する中で、特殊な能力をもつ女性数名とともに、明治四十四年（１９１１年）に、心の中でイメージ（像）を念じて、カメラを使わずに、写真のフィルムにその像を写し出す感光現象、すなわち「念写《ねんしゃ》」の実験を行いました。

私たちの念写実験は、念写協会ができる前の昭和三十年代半ばから、直道氏を中心と

したグループ74名に12名を加えた総勢86名により、19歳から81歳までといった幅広い年齢の人たちで行ったものです。

感光現象を示す雲のような像を「基本念写」と呼びますが、「念写は誰にでもできる」という直道氏の言葉どおり、皆それぞれに像を写し出すことに成功しました。

感情の起伏がやや激しい人で、物の形や文字をそのまま「映像念写」できる人や、白黒のフィルムになぜか抽象画のように赤色と青色を「カラー念写」した人もいました。

その時の大量の写真を掲載した報告書が、『現代の念写とその実験的証明』です（＊11）。この本は、当時、集められる限りの念写による写真や関連資料、関係者の証言や意見、考察を丹念に記すとともに、参考文献を網羅した貴重な実験の記録です。

興味深かったのは、「何もないところに像を写せるのなら、写っている像が消えるよう念じることもできるのではないか」という仮説を立てて行った「逆念写実験」です。若い学生が、念写をしたのと同じように、映像を透明にすることに成功しました。

昔の念写は、暗室で、フィルムを黒の遮光紙の中に入れて光を遮り、それを白い角封筒に入れた上で、光の入らない場所に置き、それに向かって写るように念じるという方法をとっていました。

宮内氏ら中心的メンバーは、写真原板を包装するポリプロピレンの袋を圧着して絶対に中身を取り出せないようにし、袋の開け閉め不能な「不可逆的包装《ふかぎゃくてきほうそう》」としました。その上で、袋の内側にあらかじめ指紋をつけて指紋の写真を撮り、すり替えを防ぐ「非交《ひこう》換的包装《かんてきほうそう》」となるように工夫しました。

念写の事実を否定する目的をもった人が監視装置を工夫したように、実験の正当性を示すために物理装置を考案し、トリックを遮断したのです。

念写は特別なことではない

当初、念写実験の方法は参加者ごとにまちまちで、厳密に物理的な条件を同一にはできていませんでした。この点に対し、念写に関心をもっていた学者からも、実験方法が科学的に厳密ではないとの指摘を受けていました。

私たちは、試行錯誤する中で、のちにＣＰ82というポラロイドカメラを個々に買い求め、それを使って念写を行いました。

ＣＰ82のおかげで、誰もが物理的な条件を統一した実験ができるようになりました。

私の場合、成功確率は4回に1回ぐらいの割合でした。

念写は、時間、空間を問わず可能であることもわかりました。さきの中道氏などは、ロンドンのビッグベンの時計台の前から東京の自宅のポラロイドカメラに向けた遠隔念写に成功し、その写真を私は見せていただきました。

これらの実験を通じて、**意識の働きが物質に影響を与え、意識がエネルギーとなり得る**ことを、多くの人が確認したのです。

参加者のうち、元気な霊能力者が念写に失敗した一方で、弱々しい病人が鮮明な画像を念写して、自信がついて病気が治ってしまったこともありました。

念写は、心霊現象ではなく、まぎれもない物理現象でした。

私たちは、研究の結果、「**念写やテレパシーなどの超常能力は、誰にでもある普遍的な意識の力である**」という仮説に到達しました。

経済人が念写に理解を示す

私たちは、念写などの物理現象に対して「超能力」という言葉は使わず、「**超常能力**」と呼んでいました。また、「超常能力」を「超感覚的知覚（ＥＳＰ）」(注)と表現することも、これらの能力を、よくわからない神秘的な分野に投げこむことになるだけで、かえって誤解を招き、不適切だと考えていました。

当時は学者よりむしろ、実業界に柔軟な思考の方がいました。元東京電力社長の木川《きかわ》田《だ》一隆《かずたか》氏は、企業経営者の社会的責任を痛感して、日本に初めて経済同友会をつくり、代表幹事を務められた人です。

旧知の間柄の宮内氏から念写の話を聞くと、「**意識と物質の関係は、非常に重要である**」と言って、財界人数名に働きかけ、念写協会の設立と出版に資金援助を行いました。

昔の日本には、木川田氏のように社会的責任を強く自覚した企業人がいました。「自分たちの生活がよければそれでいい」という考え方とは一線を画す哲学があったのです。

『現代の念写とその実験的証明』には、当時、まだ駆け出しの参議院議員であった石原慎太郎氏も、好意的な序文を寄せています。その中で、「福来博士の挫折は、実は、日本におけるＥＳＰの合理的追及を阻害し、念写に限らず、この種の研究の発展を著しく遅滞せしめたといってもよい」と言及しています。

欧米では、この種の研究が人間探究の一環として積極的に行われていることを考えれば当然の言葉です。

念写実験は、多大な集中力が必要となるため、その時のその人の心身のコンディションにも影響されます。これを科学的に厳密に確認したり、衆人環視《しゅうじんかんし》のもとで常に成功することは、たしかにむずかしいことです。しかし、果たしてそういうことがあり得るかを自分で確認することは、誰にでもできることではないでしょうか。

既存の科学で説明できない現象をかたくなに否定する人は、まず、このシンプルな作業を怠っているように思います。

そうした傾向は、新聞報道にも見られました。１９７６年、米国大統領となったカーター氏が、就任演説に旧約聖書からミカ書の一節を引用した際、これを紹介した新聞は皆無でした。山本七平氏は、『宗教について』（＊12）で、これに言及し、自分の知らないこと、わからないことを無視することは傲慢《ごうまん》につながると指摘しています。

常識では考えられない事態に遭遇したとき、まずいったんは謙虚にそれを認め、もしその現象が起きたのだとしたら、それがなぜなのか、実験によって確かめてみるのが科学的な態度ではないでしょうか。

（注）ＥＳＰ　extrasensory perception の略で「超感覚的知覚」と訳される。一般に、テレパシー、透視、予知などの能力を指し、英語で「行為者」を表す接尾辞の「-er」がついたexper（エスパー）は、いわゆる超能力者を表す和製英語。

超常能力と超心理学

１９６０年代後半から１９７０年代にかけては、宇宙開発への関心とともに、地球全体が精神の問題に大きな関心をもち始めた時代でした。科学文明が地球上の生命の存立に不安を与えつつあり、宗教にも大きな関心が寄せられていました。

日本では、１９７４年に来日したユリ・ゲラーやスプーン曲げの少年などが注目され、テレパシー、透視、念写などのいわゆる「超能力」（私たちの言葉では「超常能力」）がブームとなりました。

テレビでは、麻酔を使わない心霊手術を放映するなど、マスコミは例によって、視聴率獲得のためにセンセーショナルに取り上げる一方で、それを叩く人の意見を紹介して、「マッチポンプ」をやっていました。

超常能力は、常識的な学問では説明ができず、「**超心理現象**」と呼ばれました。超心理現象を研究する学問が、「**超心理学**」でした。日本の超心理学研究の草分けは、さきに紹介した東京帝国大学の福来友吉《ふくらいともきち》博士です。

福来博士は、明治四十三年（１９１０年）に、透視能力をもつ御船千鶴子《みふねちずこ》という女性が何枚ものハンカチで包んだ名刺を読む透視実験を行いました。

この透視実験は「千里眼論争」として多くの科学者やマスコミから「いんちきである」と激しい批判を浴び、これが理由で博士は東京帝国大学を辞職しました。その後、東北の大学関係者や理解者の援助で、仙台に福来心理研究所を設立して、こうした神秘的能力の研究を続け、三田光一《みたこういち》などの霊能力者の育成を行いました（注）。

私は、直道氏から紹介されて、１９６８年から、福来研究所の「福心会報」や、新潟の高校教師で物理学者の市村俊彦氏が発行していた雑誌「テレパシー」などにいくつか論文を寄稿していました。この雑誌を個人で発行していた市村氏の意欲は驚嘆に値します。

これらの雑誌に参加していた人は、大阪大学や山形大学の理系の教授から、占い師に霊能者、吾郷清彦《あごうきよひこ》氏という超古代史研究家まで、バラエティに富んでいました。しかし、どの人も、興味本位のマスコミや一部の批判的な学者とは一線を画し、偏見を排して真《しん》摯《し》に研究している人ばかりでした。

日本では、現象面にのみ注目して超心理現象の真偽が取りざたされていましたが、アメリカやロシアでは、敵国の軍事機密を知るために、透視やテレパシーなどの研究が国家予算によって行われていました。

（注）　福来博士は、東京大学を追われた後、念写の研究を通して、いろいろな宗教団体に共同研究を提案してまわったが、ほとんど拒否された。後年、高野山大学に教授として迎えられ、晩年を終えたとされる。

科学的態度とは何か

当時の私は超心理現象について、基本的には肯定の立場に立ちながらも、賛成派にも否定派にも問題があると考えていました。

賛成派の多くは、科学として認められるための建設的な協力を惜しみ、否定派の多くは固定観念が強く、双方とも現象にクールに向き合う姿勢がなかったのです。

もちろん私は、「オカルト」の類《たぐい》すべてを擁護するものではありません。ただ、「見えない世界」へのアレルギーが強すぎる人たちに、もう少し柔軟さが必要だと思うのです。

科学作家・竹内薫氏も、『99・9％は仮説』（＊13）の中で、実用化されて久しい飛行機の飛行原理や、麻酔が効く理由などが実際はわかっていないことを例に挙げ、思考を柔軟にせよと提言しています。

「科学とは、いちばん新しい仮説の集まりにすぎない」

「科学的な態度というのは、『権威』を鵜呑みにすることではなく、さまざまな意見を相対的に比べて判断する〝頭の柔らかさ〟なのです」

柔らかい頭をもつためには、批判の作法くらい知るべきでしょう。批判には2種類あり、ひとつは頭ごなしに批判するだけの超越的批判、もうひとつが内在的批判です。

内在的批判とは、それまでの説を肯定的に認めながら、それによって解き明かせない現象がみつかった場合、どのように新しい認識の体系をつくることができるかを前向きに検討するものです。

既存の科学だけを絶対化して盲信する人は、まるで固定観念に支配された科学教の信者です（＊14）。

たとえ自分が認めたくないことであっても、事実として確認されたものは、率直に受け容れ、そのうえで客観的に検討すればよいのです。

既存の学問の認識の枠組みからはみ出したものをすべて「疑似科学」や「オカルト」の名で排除せず、既存の学問領域を拡大する「**未領域科学**」と呼ぶ人もいました。

実験と観察を用いて正式な研究を行い、明白な結論が得られてはじめて、未領域科学を科学として認めてよいかどうかが決まるだけの話です。

生態学者であり文化人類学者でもある今西錦司氏は、70歳を過ぎて著《あらわ》した『ダーウィン論』（＊15）の中で、ダーウィンを批判するために、あえてダーウィンの土俵に乗ったとのべています。本物の科学者とは、そうした手続きを辞さないものです。

科学、技術、技能

科学について、もっと丁寧に考えようとする人は、「科学」と「技術」と「技能」を、きちんと区別してとらえる必要があります。

「技能（skill）」は、自然に対する客観的法則を個人のレベルで主観的に再現する能力で、いわゆる職人技がこれに当たります。

「技術（technology）」は、個人に属していた「技能」に付随する知識を人に伝えられるように整理して、方法や手段として提示できるようにし、社会的に認識され、多くの人が活用できるようにしたものです。

「科学（science）」は、社会的に認識された「技術」を体系化し、個人だけではなく誰もが再現できる法則として普遍的にしたものです。

この三つの区別をきちんとせず、単にムードだけで「科学的」とか「超科学」などの言葉を不用意に使うべきではありません。

また、「科学」が進歩すると「技能」などは不要になるという言い分も、おかしなことです。医学が科学性を重んじるとしても、心臓の手術は、すぐれた「技能」なしには成功しません。「科学」「技術」「技能」は、どれひとつ欠かすことはできないのです。「技能」と「技術」と「科学」の関係を理解して、この三つの側面がバランスよく連携して初めて、科学は仮説の段階から先に進んでいきます。

つまり、科学は絶対的なものでも固定的なものでもないのです。

科学を超える「メタ」の認識体系

私はまた、「超心理学」を英語でパラサイコロジー（parapsychology）と呼ぶことにも抵抗がありました。

英語の接頭辞para-は、医師以外の医療職をパラメディカルと呼ぶように、「副次的な」というニュアンスがあり、主流の心理学に対して、超心理学を亜流もしくは格下《かくした》と印象づける言葉に思われたのです。

むしろ、メタサイコロジー（metapsychology）と呼ぶのがふさわしいと思っていました。Meta-は、beyondやtranscendingが表す「超える」という意味をもつ接頭辞で、**メタサイコロジーは、「従来の説に対して、いままでの形を超えた新しい認識がある」という意味の言葉**になります。「形而下の（フィジカル physical）に対する、「形而上《けいじじょう》の（メタフィジカル metaphysical）」と同じです。

どんな哲学にも形而上学《けいじじょうがく》があり、それを存在論と呼びます。存在論とは、現象面にとらわれず根源的に考えることをいいます。存在論をもとにどのように認識を生み出すかが認識論、それを論理的に導くものが論理学です。この三つがそろわないと、科学や哲学は成り立ちません。

私は、超心理現象としての祈りや念力は、科学的な研究対象として取り上げることができるとともに、客観的法則を検討できると考えていました（注）。

その際、「事実」を二つに分けて考えることが大切です。まず、超心理現象という「問題としての事実」を吟味して研究対象とし、分析します。次に、そこに哲学的考察を加えて、「理論的に解明された事実」として確認できるかどうかを検討します。

もしも、既存の科学が超心理現象のメカニズムを明らかにできないのであれば、新しい認識体系が必要となります。それを考えることで、科学のあり方も宗教のあり方も大きく変わっていく可能性があると思います。

「宗」という字は「根本的な」という意味です。よって宗教とは「根本的な教え」です。そうであるならば、宗教は、私たちが日々生活する中で遭遇する「苦厄《くやく》」についてリアリティをもった向き合い方を示すべきでしょう。

人間について真に考えようとするとき、「その人が何を信じているか」は無視できません。したがって、宗教の問題は避けて通ることのできないものだと思います。

まして、現代社会を歴史の中に位置づけるには、国際社会や世界史の知識が不可欠です。そこに宗教を背景とするそれぞれの国の文化がどれほど大きな力を及ぼしてきたかを思えば、宗教に無関心でいることはナンセンスです。

目に見える行動や言葉には、それを支える目に見えない背景があることを知る必要があります。

（注）近年では、アメリカの民間研究機関であるスピンドリフトや、ハーバード大学において、祈

りは科学的に研究されている。

臨床家と「意識」――笠原敏雄

巽直道《たつみじきどう》氏の病気治療への般若心経の応用は、「病気が必ず治る」ことを繰り返し思う反復思念《はんぷくしねん》を活用することでした。反復思念は、目的をもった行為です。

仏教では、行為は、身体行為に限りません。身《しん》・口《く》・意《い》の三業《さんごう》、つまり身体的行為、口に出して言う行為、意識を使った行為の三つがあります。

この中で**最も基本的な行為は、意識を使った行為**です。なぜなら、あらゆる生命現象は意識の働きによって始まるからです。

聖書では、男女が法に背いて関係をもつ姦淫《かんいん》を禁じていますが、イエスは、もしもみだらな思いで女性を見たとすれば、それは、意識の上ですでにその女を犯したことになるとして、心の姦淫をも禁じました。

同じように、現実には盗みを働いていなくても、「盗みたい」と少しでも思ったら、それは盗んだのと同じことです。

よって、自分が心に思うこと、すなわち意識のあり方を客観的に観察すれば、罪を犯したことのない人など誰もいないといえます。

人間の心や意識は、まことに複雑で、表層の意識の下に深層の潜在意識があることが知られています。

心理療法家の笠原敏雄氏は、数多くの精神疾患や心因性疾患の患者を治療する中で、人の心に三つの層があることを指摘しました（＊16）。

第一層は表面の意識であり、その下の深層の意識として「内心」という第二層があり、さらにその下に「本心」という第三の層があるという見方です。

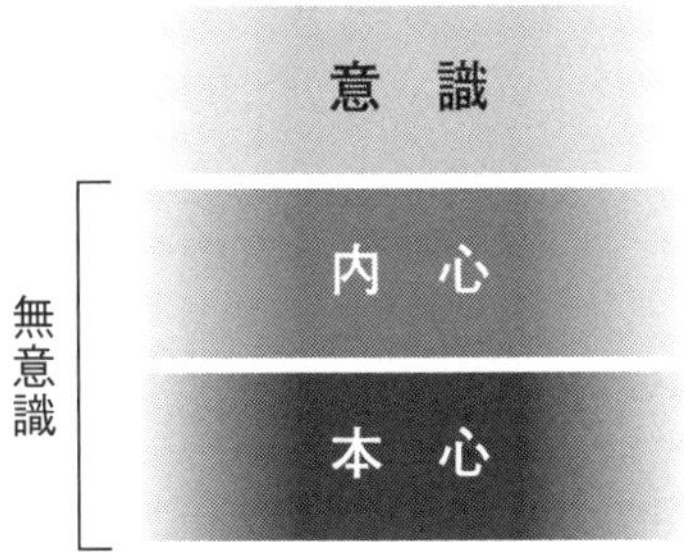

意識の三層構造

文献＊16　P71より引用

「本心」では治りたいと思っていても、「内心」が自分の「本心」を無意識に妨害すると、本来自分がもっている能力が発揮できないのです。そのようなとき、「疾病利得《しっぺいりとく》」といって、「病気のままでいたほうが都合がよい」という心理状態が引き起こされることを、豊富な臨床体験から明らかにしています。

この「内心」の力を弱める治療を行い、**「本心」が健全な働きを取り戻したとき、根本的な治療が可能になる**といいます。笠原氏は、この「本心」に全知全能ともいうべき能力があり、崇高な人格が潜《ひそ》んでいるとものべています。

こうした意識の階層は、トランスパーソナル心理学(注)の研究者も認めています。人間の根源的な宇宙意識を発動させ、治療につなげるという実践例を、ここにも見ることができます。

(注)　トランスパーソナル心理学　従来の西洋心理学が重んじてきた「個人」を超え、人間は根本的な基層においては共通なものを有するとする考え方。河合隼雄氏は、『宗教と科学の接点』（岩波書店、１９８６年）において、ユングが、人間の外界だけでなく内界にも、私たちの意識を超えた一種の客観性が存在すると考えたことや、イスラーム神秘主義の意識の５段階説、ケン・ウィルバーの意識のスペクトラムなどを紹介している。

臨床家と「意識」――野口晴哉

偉大な臨床家として、もうひとり、野口整体の創始者・野口晴哉《のぐちはるちか》氏をご紹介します。

野口氏は、人間には、本来健康を保とうとする自然の働きがあり、それを発揮することが健康なからだをつくると考えました（＊17）。

人間の脳の機能のうち、無意識の運動を司る錐体外路系《すいたいがいろけい》（注）が重要であることに気づき、多くの人が本来もっている生命力を溌剌《はつらつ》とさせ、健康なからだを回復させてきました。

有名なのが、無意識の体運動である「活元運動《かつげんうんどう》」と、陽気で活発な「気」を相手に集注する「愉気《ゆき》」です。

「気」とは、人間が心やからだを働かせる以前に、元気な人に会うと愉快になり、陰気な人に会うと暗くなるように、互いに感応する漠然とした働きです。

「気」は、心とからだをつなぐ力でもあります。

しかし、野口整体は単なる健康法ではありません。**目に見えない「気」によって人間の心身の状態が変わり、人間本来の力を引き出すことができる**ことを具体的に示すものです。ここにあるのは、**「人間は物質として生活しているのではない」**という思想です。

野口氏によると、どんな人にも無意識の「裡《うち》なる要求」があり、人それぞれに、その要求の示す方向にエネルギーを発揮するため、その方向に感受性が鋭くなります。これが、からだの動き方の個性につながり、この個性は「体癖《たいへき》」と名づけられました。

野口氏のことを教えてくれたのは、かつて私が地方都市の男声合唱団で歌っていた頃、ピアノ伴奏をしてくれていた女性です。あるとき、電車の中で偶然再会したのです。この方は、バイオリニストの鈴木慎一氏から野口整体を紹介され、野口整体によってご自身の病気を克服されたということです。

ここにも、不思議な縁の導きがありました。

（注）錐体外路系　人間の四肢の随意運動を司る経路として、延髄の錐体を通る錐体路があるが、錐体外路は無意識に筋肉の緊張やバランスを保ち、運動機能を制御する経路。錐体外路系が冒されると、パーキンソン病など、不随意運動が出現する病気の原因となる。

スズキ・メソードの秘密

鈴木慎一氏は、才能教育の「スズキ・メソード」の創始者です。もともと音楽教育に大変熱心な方でした。あるとき彼は霊能者に出会い、超常能力を授けられたそうです。授けた能力を証明するために、霊能者は、真っ赤に焼けた火箸《ひばし》を差し出し、鈴木氏にそれを素手《すで》で握るよう言いました。

言われたとおり握ってみると、ジュッと白い湯気が立ちましたが、火傷《やけど》はしません。それ以後、鈴木氏は、手を当てて病気の人を治すことができるようになりました。

彼は、その力を生かして病気の人を治すか、それともバイオリンを教えるか悩んだ末に、バイオリン教室を始めました。

あるとき、世界的なバイオリニストのレオニード・コーガン氏が演奏会のために来日しました。ところが演奏会を前に手を痛めてしまい、バイオリンが弾けない状態です。あいにく病院に行く時間もありません。

そこで、鈴木氏がコーガン氏の手をさわると、反応がありました。しばらくそのまま手を当てているうちに痛みはとれ、コーガン氏は無事、演奏会を開くことができました。

そのことがあってから、コーガン氏は、「スズキセンセイ」に、深い信頼と尊敬を抱くようになったということです。

鈴木氏はいつも、「バイオリンの技術を教えるのではなく、気を伝えることが大切」と言っていました。これが、スズキ・メソードの秘密です。全国にあるスズキ・メソードの音楽教室では、同じ方法で音楽教育を行っていますが、この秘密を知らず形だけを真似ていても、成果は上がらないようです。

鈴木慎一氏は、野口晴哉氏やアインシュタイン博士とも交流があったといいます。

姿勢が悪い子どもには、口やかましく注意するのではなく、子どもの意識を姿勢へと向けることによって、たちまち姿勢を正したというエピソードも残っています。

クリエイティブな自他非分離の意識状態

世の中には、霊感が強い人がいます。そうした人は、さきほどのべた「フォース・フィールド」を敏感に知覚する能力の持ち主です。私も、霊能者や、不思議な言葉（いわゆる霊言《れいげん》や霊詩《れいし》）が聞こえてくる人、古代語で会話する人などに会ったことがあります。

前世の記憶があるとか、誰かの前世を言い当てるなどと言う人もいます。自分の前世を語る状況は催眠でも誘導できますし、残念ながら、その内容が正しいことを客観的に証明することはできません。

自分が「誰か」の生まれ変わりであると主張する人もいます。その「誰か」は必ずといっていいほど偉い人で、そこにはエゴイズムが働いているように感じます。

仏教では、仏陀《ぶっだ》や菩薩がもっている超人的な能力として、どこにでも自由に行けたり、人の心がわかったりする「六神通《ろくじんつう》」(注)があるとされています。

実際に、そのような不思議な能力をもつ人はいます。しかし、だからといって、その人が仏陀《ぶっだ》であるかどうかは、また別の問題です。

ごくふつうの人に念写ができたのですから、「**人間が超常的な能力を発揮することはある**」という事実を淡々と認めて、現象に過度にとらわれすぎなくてよいと思います。

大切なことは、そのすぐれた能力を何に用いるかです。

超常的な能力が霊界から来て個人に与えられたと思う人は、新興宗教の教祖になるかもしれません。

遍在する宇宙意識が個人というメディアを通して現れたと思う人は、鈴木慎一氏のように、その力を多くの人のために役立てることもできるでしょう。

般若心経は、**「皆が喜びの彼岸に渡り切る」ことがめでたい**のだと教えています。そこにあるのは、エゴを捨て、自他を区別せず、ひとつにつながった意識状態です。

音楽を例にとりましょう。

あるテレビ番組で指揮者の小澤征爾氏が、オペラの演奏をするオーケストラとの練習で、バイオリニストの女性に向かって、ひたすら、「聴け！　聴け！　聴け！　聴け！　聴け！」と繰り返していました。

彼女は、自分の出している一音一音を確かめ、他の人がどんな演奏をしているか、歌手はどのように歌っているか、ひたすら聴くよう努めました。そうするうちに、オーケストラも声もすべて一体となって、素晴らしい演奏が生まれました。

歌唱と演奏の融合を高揚感とともに経験したとき、彼女自身のバイオリンの演奏も向上していました。これが自他非分離《じたひぶんり》の意識状態で起きることです。

全体がよくなったとき、ひとりの演奏家はその一部に融《と》けこみ、同時に、その人自身も満たされていきます。

自他非分離《じたひぶんり》の意識状態では、自分が思っている水準をはるかに超えた創造力が発揮されます。これは、音楽や演劇、舞踊などの芸術家だけでなく、「己《おのれ》を空《むな》しくする」ことに徹する武道家、さらには直観から素晴らしい発想を得る技術者、科学者など、多くの人が実際に経験しているところです。

私も、合唱団に所属していた頃、ハーモニーがいい時は倍音が聴こえて、背中から頭まで貫くような喜びを体験したことがあります。

（注）六神通　完全に精神を統一し、三昧（ざんまい）の境地に達した時に得られる６種の超自然的な能力。①「神境通（じんきょうつう）」——あらゆる場所に自由に行く能力、②「天眼通（てんげんつう）」——すべてを見通す能力、③「天耳通（てんにつう）」——すべての音を聞き分ける能力、④「他心通（たしんつう）」——他人の心の中をすべて知る能力、⑤「宿命通（しゅくみょうつう）」——前世の生存の状態を知る能力、⑥「漏尽通（ろじんつう）」——すべての煩悩を滅しこの世に再び生まれないということを悟る能力。

3　見えない世界と意識

科学のルーツ「オカルト」

念写やテレパシーは、いまだに偏見や誤解の多い分野です。

超心理現象の肯定派は、これを霊界からの情報であるかのように受けとります。否定派は、科学の常識に反する「オカルト」と言って、これを揶揄《やゆ》します。

私は、どちらの態度にも賛同できません。

科学の名のもとに、多くの人は、意識と脳のかかわりばかりを論じています。しかし、意識をどう定義するかによって、論点はまちまちです。

脳と意識に対応関係があるとしても、意識を人間や動物などの脳内現象のみに限定するか、単細胞生物から多細胞生物まで、生命体すべてに働く意識（宇宙意識）も認めるかによって、物事の理解はまったく異なってきます。

例えば、科学のルーツが錬金術であることは有名です。科学史を少しでも勉強した人なら、西欧近代科学が神秘主義をその成立基盤とし、そこから分化して生まれてきたことを知っているでしょう（＊18、＊19）。神秘主義は、仏教をはじめとする東洋思想の影響を受け、西欧の思想や芸術にも多大な影響を与えています。

「オカルト」とは、この世の目に見える現象（見える世界）に対して、「隠された世界（見えない世界）」を表現する言葉です。

見えない世界とは、通常の感覚や経験ではとらえられない世界です。「形を超えたもの」という意味で、形而上《けいじじょう》の世界ともいいます。

これに対して、見える世界は、通常の感覚や経験でとらえられる世界で、形而下《けいじか》の世界といいます。

人間は、本来、形而下の世界を通して、形而上の世界を探究しようとする生き物です。ここから、哲学や科学、宗教が生まれました。最初の科学はオカルトサイエンスと呼ばれた秘密の学問でした。

哲学や宗教が、人間の本質を形而上学的にとらえようとするとき、象徴的な表現を用いるのは、見える世界と見えない世界との関係上、避けられないことでもあります。

古来人間は、形而上《けいじじょう》の見えない世界を、形而下《けいじか》の現象世界の本質であると考え、本質と現象の関係を明らかにしようとしてきました。
科学は本来、見えている現象の背後に隠された普遍的な法則を追求する学問です。
望遠鏡や顕微鏡は、見えない世界を見ようとしてつくられました。

しかし、科学は、主に物質に限定された現象の解明に努めてきました。それは、複雑な現象を個々の要素に分ければ理解できるという「要素還元主義」に基づいています。
仏教的な表現をすれば、科学の認識の対象は、「縁起《えんぎ》」の世界の一部にすぎません。

このため、合理的な説明のつかないことを切り捨てる傾向があります。

ただし、私たちが生きている世界には、合理的な説明のつかないことはたくさんあり、科学によって人間や生命そのものがすべて明らかにされたわけでもありません。

もし、科学が、**形而下《けいじか》の世界は、形而上《けいじじょう》の世界の情報を現象化させて表すメディアである**という考え方を取り入れれば、科学研究の質も変わる可能性があると思います。

この世の秘密についての知識

かつてのオカルトサイエンスは、今日の宗教や哲学、あるいは科学などを雑然と包含した一種の神殿文化ともいうべきものでした。オカルトサイエンスが扱ってきたのは、もともと一般大衆が近づくことのできなかった「この世の秘密についての知識」でした。当然、この知識は一部の特権的な支配階級に属するものでした。一般大衆の知らない情報は、支配者の地位を維持するのにきわめて有用なある種の「帝王学」だったのです。一方で、オカルトサイエンスは、魔法に類する怪しげで神秘的なものも、その中に含んでいました。

イギリスの文化人類学者サー・ジェイムズ・ジョージ・フレイザーが19世紀の終わりに著《あらわ》した『金枝篇《きんしへん》』という有名な本があります。

これは、未開人の信仰や習俗、呪術や神話などを紹介したものですが、この中で彼が、「**魔法は古代におけるひとつの科学であった**」という意味のことをのべています。

現代における進歩した科学も、古代人や未開人の目には魔法と映るでしょうし、現代人ですら、その原理がわからなければ、魔法だと思うかもしれません。

錬金術は、いまも元素変換として研究されています。19世紀から20世紀にかけて活躍した物理学者の長岡半太郎は、戦前の理化学研究所で水銀から金（ゴールド）を取り出すことに成功し、同じ頃、ドイツのベルリン工科大学のアドルフ・ミーテ博士が類似の実験に成功しています（＊20）。

近代の西欧科学や思想が、オカルトサイエンスの歴史的な水脈の中から生まれてきたことは、よく知られた事実です。

このあたりの経緯は、明石家さんま氏のバラエティ番組でおなじみの生物学者・池田清彦氏が、『科学とオカルト』（＊21）の中で、わかりやすくまとめています。

池田氏は、『象徴哲学体系4・錬金術』（注）を引用しつつ、「現代科学はオカルトの嫡子《ちゃくし》」であり、「**限られた人にだけ許された方法であったオカルトが、公共性をもつことによって、科学という誰もが使うことができる認識の方法として確立された**」とのべています。また、「オカルト」と「カルト」の関係にもふれています。

誰もが使える認識方法が確立されると、次に、誰もが同じように確認できる知識が共有できます。哲学者フランシス・ベーコン流にいえば、その知識は、特定の人だけのものではなく、万人のものとなるわけです。

かくて、「この世の秘密についての知識」は、特定の人だけに属する「隠された知識」ではなくなり、多くの人に公開され、役に立つ知識となりました。

「科学」という言葉を伝家《でんか》の宝刀《ほうとう》のように振り回して、それが「オカルト」を切り捨てるものであると思っている人は、科学のルーツをきちんと知っておくべきでしょう。

（注）『象徴哲学体系』（人文書院）には、〈１〉古代の密儀、〈２〉秘密の博物誌、〈３〉カバラと薔薇十字、〈４〉錬金術がある。著者のマンリー・Ｐ・ホールは、米国薔薇十字会最高幹部で、神秘哲学に造詣が深い。

オカルトと西欧的「教養」

量子力学に関心のある人なら、スイスの物理学者ヴォルフガング・パウリの名前をご存じでしょう。

彼は、量子力学の草創期に、コペンハーゲン学派の中で活躍し、「パウリの原理」（１

９２５年）、「ニュートリノの予想」（１９３１年）などの独創的なアイディアによって、量子力学の体系化と発展に寄与し、ノーベル物理学賞を授与されました。

パウリは、のちに著《あらわ》した「元型的観念がケプラーの科学理論に与えた影響」（注）という論文で、ケプラーが惑星の運動法則を発見した背景に、オカルトサイエンスの占星術に凝っていたという事実があるとのべています。これは、西欧的な教養と関係があります。

西欧の学問では、昔から、自由人がもつ必要がある技芸として、「自由七科（セブンリベラルアーツ）」が重んじられてきました。

そのうちの三つは、「スリーリベラルアーツ」といわれ、修辞学、論理学、文法で、これは神の言葉が語られた聖書を読解するために必要でした。

残る四つの音楽、図形、数学、天文学は、「フォーリベラルアーツ」と呼ばれました。これらは、神がつくった世界である宇宙を研究するために必要だと考えられていました。

とくに数学は、ギリシャ語の「マテーマタ（mathemata）＝学ぶべきこと」が語源で、学問全般を意味し、算術と幾何学のほかに、音楽や天文学も含んでいたといいます。

天文学者ガリレオ・ガリレイは、「数学は、自然という書物を書いた神の言葉である」

と言いました。「神の子」と呼ばれたギリシャの数学者・ピタゴラスは、世界で初めて「ピタゴラス音律」という音階をつくり、ケプラーは、「宇宙にはハーモニーがある」という言葉を残しています。

西欧の学問は、この七つのリベラルアーツの発展の中にあり、その流れはフリーメーソンという秘密結社や、イタリアのボローニャ大学やフランスのパリ大学をはじめとする中世ヨーロッパの大学に受け継がれていきました。

西欧の科学者の深い学問的背景と伝統が感じられます。

古典物理学の先駆者・ニュートンが錬金術に夢中だったこともよく知られています。

ケプラーもニュートンも、数学という神の言葉を用いて、宇宙という神の秩序を読み解き、近代西欧科学への道を開いたのでした。

（注）この論文は、深層心理学で有名なC・G・ユングの論文「共時性・非因果的連関の原理」とともに、「C・G・ユング研究所研究報告」第４号として、１９５２年に「自然の解明と精神」という表題で発表された。邦訳は、河合隼雄『自然現象と心の構造』（海鳴社、１９７６年）。

特別な能力と変性意識状態

オカルトサイエンスの一般的な前提は、特別な能力をもつ者が独特の意識状態になることです。具体的には、神の恩寵を受けた人が、独特の意識状態になって得た認識を、何らかの物や図形、数字、言葉などに託して象徴的に伝えようとしたといわれています。独特の意識状態とは、心理学者のチャールズ・T・タートが「通常の現代人の意識状態以外に注目すべき意識状態が存在する」と表現したもので、「**変性意識状態**（Altered States of Consciousness)」と呼ばれます（注1）。

変性意識状態は、瞑想時や催眠時、または幻覚を生ずる薬物を使用したとき、あるいは霊媒的状態などでみられます。この時の脳波はミッドα《アルファ》波以下で、リラックスしてかつ集中した状態です（注2）。

かつては、特定の能力者が、その人だけが到達できる特殊な意識状態によって、この世の真理を認識していました。科学が魔術であった時代です。

しかし、先述のとおり、近代科学が成立するには、特定の人に限定されたオカルトサイエンスの特殊な認識方法を、広く一般大衆に解放する必要がありました。

そこで、誰もが同じ一定の手順に従うことによって、いつでも誰でも同じ知識を得たり証明したりできる認識方法が確立されました。これが、実験と数学を皮切りとする近代科学の成立につながりました。

変性意識状態そのものは、通常の意識状態とは明らかに異なりますが、本来、誰にでも現れる生き生きとした意識体験です。各種の瞑想手法のうち、**超越瞑想**（注３）は変性意識状態をもたらすとされています。

（注１）チャールズ・Ｔ・タート、『サイ・パワー』（＊22）。訳者の井村宏次氏は、かつて市村俊彦氏が主宰していた「テレパシー」誌の常連寄稿者であった。

（注２）ミッドα波　８～13Hzのα波の中でも９～11Hzの脳波を指す。

（注３）超越瞑想　１９５０年代にマハリシ・マヘーシュ・ヨーギーによって紹介された瞑想法。時間と空間を超えることはもちろん、ごくふつうの人間の意識状態をはるかに超えた意識状態をもたらすとされる。「超越」とは、人間の意識の最も落ち着いた状態で、無限の意識は「空（くう）」の体験であるともいう。クリント・イーストウッドや、スティーブ・ジョブズ、マドンナなどの有名人が実践していることで知られる。

霊能者・三田光一の遠隔念写

日本の超心理学研究の祖・福来友吉《ふくらいともきち》博士は、超常現象を起こす「神通力《じんつうりき》」を研究していました。福来博士の弟子で、超常能力者として知られるのが、三田光一です。

三田光一は、透視や念写、遠隔視などを行い、犬養木堂《いぬかいぼくどう》（総理大臣・犬養毅の号）による「實行《じっこう》」という書を念写したことでも有名です。

彼は、方々の劇場で、その能力をショーとして売り物にしたり、後年、詐欺事件を起こしたことなどから、その能力を疑われたこともありましたが、実際に、数々の「神通《じんつう》力《りき》」を示し、その足跡は、膨大な新聞記事をまとめた本に残されています（＊23）。

逸話のひとつに、同じ時刻に異なる二つの場所に同時に存在したという実験があります。

大正五年（１９１６年）十月十六日、午後6時より、岐阜県大垣市の日吉座で、精神修養講演実験大会が開かれました。主催は、御大典記念尚道会《ごたいてんきねんしょうどうかい》（会長、陸軍少将加児春琳氏）並びに、大正新聞社（社長、代議士木村作次郎氏）でした。２５００名以上の人が集まり、三田氏はここに招かれました。

三田氏は、その夜、頭髪を真ん中から分け、フロックコートを着ていました。

プログラムに従い、講演と数回の心霊実験が行われたあと、最後に念写実験を行うこととなりました。

念写のお題には大垣城が選ばれ、三田氏は、次のように質問しました。

「これは、『大垣城』という三文字を念写するのか、それとも、大垣城そのものを念写するのか」

お題の提出者である川村鉄弥（在郷軍人分会長歩兵少佐）の希望により委員が協議した結果、念写の対象は城そのものとしました。

居並ぶ土地の名士と新聞社の立会のもと、三田氏は、遠隔透視によって大垣城を知るために、城がある大垣公園を暗示して、公衆の面前で瞑想状態に入りました。

三田氏は、遠隔透視の結果を、会場の聴衆に向け、次のように発表しました。

「大垣公園内の北側の処に、一軒の小奇麗《こぎれい》な瀬戸物店があったので、ここに立ち寄って大垣城に行く方角を尋ねた。すると、あごひげをたくわえた一人の老人が戸外に出てきて、この道をまっすぐに行き、つき当たったなら左へ曲がり、そしてちょっと行けば大垣城であると教えてもらった。その道をたどって大垣城に至り、城の全景および、その周囲を一覧した後、城の南側にあるベンチで男女一組の密会中の醜態を目撃し、その私語（ささやき）を耳にしつつ覚醒した」

そして再び、三田氏は統一状態に入り、2分6秒で覚醒し、この間に念写の実験が行われました。時刻は、午後9時55分でした。ただちに会場で赤い電球を使って、人々が監視するなか、河野市会議員の手で現像が行われ、26分で終わり、大垣城の念写が成功しました。

このとき、大垣警察署の巡査部長が演壇に現れて、次の報告をしました。

「先刻、三田氏の大垣城遠隔透視の結果につき、公表をさしひかえられた問題があった。私は署長の内命を受けて部下一名を伴い、大垣城付近に微行《びこう》（引用者注・ひそかにおもむくこと）したところ、三田氏の透視にたがわず、某所において密会中の紳士と芸者の両名を本署に連行し、ただ今、その旨を署長に報告したところである。署長は、三田氏の霊能を確認する上において、また社会風教《ふうきょう》上の問題として、その顛末《てんまつ》をば、諸君の前に公表して差し支えない。ただし、両名の姓名は口外してはならぬといわれた」

と前置きし、詳しく発表しました。発表が終了したとき、来場者の拍手はしばし鳴りやまなかったといいます。

超常能力は変性意識状態で発揮される

翌朝、大会主催者の可児少将が大垣公園を訪れ、三田氏の話した瀬戸物屋を見つけ、その店主らしき老人に会ったところ、あごひげをたくわえていました。話を聞くと、昨夜午後10時５、６分前に、たしかに頭髪を真ん中から分けたフロックコートの青年が、大垣城への道順を尋ねたことがわかりました。

つまり、三田光一は、肉体を大会会場に残したまま、まったく同じ時刻に、同じ姿で大垣公園に現われ、店主に教えられたとおり大垣城まで行き、そこからまた会場に戻っていったん覚醒し、再び瞑想状態に入り、大垣城をイメージして念写したのです。

念写実験の夜は、この種の現象をかたくなに否定する人が多数出席していましたが、これ以後、この問題を研究し、著名な研究家になった人が何人もいました。

決して解脱《げだつ》した人間とは言えなかった三田光一は、六神通《ろくじんつう》（71ページ参照）の中でも、どこにでも姿を現すことのできる「神境通《じんきょうつう》」を示したと考えられます。

これに類似した話は、ヨガの聖者にもあります。

『ヨガ行者の一生』（＊24）に、あるとき、ヨガナンダの目の前に、遠方にいるはずの老師スリ・ユクテスワが突然姿を現したという記述が出てきます。ヨガの行者にとって、変性意識状態になれば、瞬時に別の空間へ移動することは、何でもないことなのです。

メカニズムは不明ですが、これは、意識の状態が時間と空間を超えた「空《くう》」の次元に至れば、可能だと考えられます。

A地点とB地点が空間的に離れていると考えるのは、私たちの意識が「縁起《えんぎ》」の次元にとどまっているためです。「空《くう》」の次元では、二つの別々の地点は離れた別の場所ではないと考えると、遠隔透視も遠隔念写も、起こり得る話です。

三田氏はまた、当時、朝鮮の李《り》王家の高官の前で、何もない空間に、宝物殿にある李朝のうずらの置物や、鉄道の切符を出現させたりもしていますから、念写以外に物質化現象を起こす能力もあったようです。

「霊界」を否定した霊能者

興味深いことに、三田光一は、特殊な意識状態に移行して、超常的な能力を発揮していながら、いわゆる霊界というものをきっぱりと否定しています。

彼は、本名の三田善靖の名で著《あらわ》した『霊観』(＊25)において、「霊」を次のように定義しています。旧漢字を現代の漢字に直してここに引用してみます。

「霊は森羅万象《しんらばんしょう》共通の大気であって、決して各自に私有すべき固定物では無い」(176ページ)。

この文章の前には、次のように書かれています。

「若《も》し心霊を否定する唯物論者があらば、霊の有無《ゆうむ》を論争するよりも、先《ま》づ自己の蒙《もう》を啓《ひら》くことに努《つと》むる方が貴重なる時間を空費せず、速《すみや》かに眞理を掌握する事が出来ようと思ふ、然《しか》し吾人《ごじん》(引用者注、「私」の意)の主張する霊といふのは霊魂の事ではない、霊魂の滅不滅という事も世上に於《おい》て相当に論議されて居る様《よう》であるが、吾人は、此の霊魂なるものの不滅論者に共鳴する事は出来ないと言ふて滅するという論者の方に賛成する事もできぬ、吾人には別に信奉する議論が有る。

一体、滅不滅論なるものは有無論《ゆうむろん》と異なり、双方が既に其《そ》の存在を認めたる事物に対して、其れが滅するか或いは滅しないかを論争するものであるが、吾人は初めから其の霊魂なるものの存在を非認する者である、故に滅不滅論者の孰《いず》れにも共鳴する事が出来ぬのである」

実際、『霊観』には、呼吸法など、意識の状態にかかわるトレーニングが具体的に書かれていますが、霊界のことはまったく出てきません。

このような霊能者の実感を伴う言葉は、私には、大変興味深く思われます。意識の状態を時間や空間の区別のない次元まで変容させることのできる人が、いわゆる霊魂は「各自に私有すべき固有物」にすぎないとして、それをはっきりと否定しているのです。

私も、かつては、生まれ変わりや前世を信じていましたが、近年では疑問を感じています。昨今のスピリチュアルブームは、「霊」や「魂」という文字から受けるイメージから、その種の神秘的なものへの憧れもあるのではないでしょうか。

個人としての魂が生まれ変わるという発想は、「いまの世で死んでもまた次の世に生まれればよい」という考えにつながります。このような考えは、オウム真理教のような殺人、あるいは他の宗教によるテロを正当化しかねないものです。生まれ変わりがあるなら、人口は増減がなく常に一定のはずですが、現実には人口は増えたり減ったりしています。

「霊」（スピリットspirit）という言葉には、「生命のエネルギー、生きる力」という意味もあります。

三田氏の定義する霊は、自他を区別しない「**森羅万象の大気**」です。私には、彼が般若心経の「空《くう》」の次元の宇宙意識として、「霊」をとらえているように思えてなりません。

『霊観』という本は、あるとき、巽直道氏が古本屋で見つけて、「稀有《けう》の書を贈る」という言葉とともに、私にくださったものでした。この本は、最近、八幡書店から復刻されています。

手紙の治癒力

病気の治療に対する直道氏の考え方は、驚くほどシンプルでした。

「治ると思いこんだら治るんよ」と言って、そのために、ひたすら、「般若波羅蜜多《はんにゃはらみった》」

の反復思念《はんぷくしねん》を奨励していました。

ほんとうのところをいえば、言われた人の多くは、内心、半信半疑で「般若波羅蜜《はんにゃはらみっ》多《た》」に取り組んでいたにちがいありません。『あなたがはじまる・般若心経 ver.1』の第2章で私がアドバイスした人たちも、きっと同じ気持ちだったでしょう。

昔は、難病を患《わずら》った人は「学用患者」といって、無償で大学病院の治療を受けるとともに医学研究の対象となることを約束するケースがありました。あるとき、そんな学用患者の一人から直道氏に相談の手紙が届きました。

氏は、いつもの調子でご自分のアドバイスとともに「安心しなさい」と返事を書き、「この手紙を読んだら、きっと治ります」とつけ加えたところ、実際に、手紙を読んだとたんに、その症状が治ってしまいました。

そのとき、私は、ごく単純に思いました。

「反復思念を行わなくても、病気は治るのか!」

つまり、**病気を治す条件は、反復思念という行為よりむしろ、その人の意識が変わること**だったのです。

まだわかってはいなかった

40代にさしかかった頃、私は、直道氏の会を通じて、ある経営者と知り合いになっていました。

時代は、高度成長期の真っただ中。水俣病や四日市喘息などの公害問題や、森永ヒ素ミルク中毒事件、サリドマイド事件など、人間が口から摂取する食品や薬物による健康被害が、社会的な問題になっていました。

知人の会社は、健康食品の製造・販売業としてスタートしました。

ちょうどその頃、フランチャイズビジネスを勉強し、人間の意識と行動について研究していた私は、社員の能力開発の研修会に講師としてたびたび駆り出されるうちに、さらに深くビジネスにかかわることになりました。

そこから休みなく働く日々が始まり、当時、家族を大阪に住まわせていた私は、二重所帯を強いられました。兵庫県の豊岡と大阪を行ったり来たりしながら、豊岡の家に半身不随の父をひきとり、大阪では母が家族と同居を始め、いろいろと心煩わされることが多くなりました。

もとより、人間の意識状態が健康状態と深く関連することについては、よく理解しているはずでした。そのため、決して悲観的な思考には陥っていなかったと思います。しかし、仕事も家庭も、自分を取り巻く条件は、石油ショックという社会現象も加わり、自分の処理できる範囲を大きく上回り、私はついに胃潰瘍になってしまいました。そして、あるとき、大阪の家で吐血し、倒れたのです。

私の場合、直道氏の言うような「脳の破壊的な使い方」で病気になったとは思いません。むしろ、戦争や不況のように防ぎきれない大きな力が私を襲ったのです。

何事も思いどおりにはならない「縁起《えんぎ》」の法則は、個人の周辺にとどまらず、時代や世の中の大きな流れとして、人を飲みこむこともあります。

私は、直道氏の理論を心から信じていましたが、あまりにも厳しい状況にあるとき、「縁起《えんぎ》」の法則に従うことを余儀なくされ、意識の転換がうまくできずに、残念なことに、治らないほうの2割に属するという面目ない結果となりました。

そうこうするうちに父が亡くなり、私は、食品会社を退職しました。そして、自分の仕事の基本に戻って、もう一度学習塾を安定させるために、胃潰瘍の手術を受け、生徒たちには「必ず戻る」と約束して、休養に入りました。

生活が次第に落ち着き、人生のいろいろなことが見えてきました。とくに、般若心経の解釈で釈然としなかったことに、思い当たることが増え、病を得たことが、結果として、私の探求の旅を次の段階に進めてくれました。

コラム１　心霊主義と超心理学の歴史

私は、必ずしも心霊主義を肯定してはいませんが、心霊主義や超心理学についてここで概略を示しておきましょう。

本格的な心霊研究は、１８８２年、イギリスのケンブリッジ大学のトリニティカレッジで設立された英国心霊研究協会（The Society of Psychical Research：SPR）の設立がはじまりとされています。

それ以前も、人間が何もしないのに物が動いたり、ラップ音や光が出るポルターガイスト現象や、催眠によるトランス状態（変性意識状態）が心霊現象として知られていました。

こうした現象は、肉体が消滅したあとも霊魂が存続し、その霊によって生じるとされ、この考え方を心霊主義（スピリチュアリズム）と呼びました。心霊主義の立場に立つ限り、霊と交流できる霊媒体質の特殊能力者以外に、この現象を扱うことはできませんでした。

これに対し、ＳＰＲは、超常現象の盲目的な肯定を避け、テレパシーや催眠、降霊現象などの超常現象を科学的に研究することを目的としていました。会員には、キュリー夫人やルイス・キャロルなどもいました。

１８８５年には、アメリカでも、心理学者のウィリアム・ジェームズらによって米国心霊研究協会（ＡＳＰＲ）が設立され、超常現象の科学的探究を目的とした活動の裾野を広げました。

１９３４年、アメリカのデューク大学教授のＪ・Ｂ・ラインは、特殊能力者ではなく一般人を対象に、超感覚的知覚について実験的手法を用いた研究を進め、超心理学の基礎を築きました。そして、１９５７年、超心理学協会を設立しました。

超心理学は、唯物論を基礎とした現在の科学で説明できない現象がこの世に存在することを認め、なおかつ霊魂を原因とする説を斬り捨てた新しい学問でした。

日本の超心理学研究は、20世紀の初め、東京大学の福来友吉《ふくらいともきち》博士による透視や念写の実験に端を発し、「非科学的」のレッテルを貼られ、社会的には受け容れられない面がありました。

しかし、１９６３年に超心理学研究会が発足し、超常現象に心理的要因が与える影響などについて、真摯《しんし》に探求が進められてきました。

１９６８年、会を発展的に解消して日本超心理学会が設立されました。初代会長は、心霊現象を論じ、ウィリアム・ジェームズやユングを日本に紹介した小熊虎之助明治大学教授でした。心理学者の宮城音弥、南博、黒田正典ら各氏が協力し、本格的な超心理学研究を日本でスタートさせました。

日本超心理学会は現在も、東京大学で心理学を修めた大谷宗司氏（防衛大学名誉教授）が、２代目会長として人間の心の問題に取り組み、科学への貢献を目指して活動しています。

　他方、「心霊主義」については、有名な浅野和三郎氏の『心霊講座』（心霊科学研究会、１９６８年、復刻版あり）や田中千代松氏の『新霊交思想の研究――新スピリチュアリズム・心霊研究・超心理学の系譜』（共栄書房、１９７１年）、神智学協会設立者のひとりであるＨ・Ｐ・ブラヴァツキーの『霊智学解説』（心交社、１９６３年）やルドルフ・シュタイナーの人智学関連の著作について、心霊主義者によるさまざまな探求が重ねられています。

第2章

日本人の宿題

いまの日本がどういう状況にあるかを考えるとき、戦争が何をもたらしたかをよく考えなければなりません。

敗戦を機に、日本は多くの文化的遺産と日本独自の視点を失いました。

戦争中と戦後に外地にいた日本人として、見聞きしたことと感じたことをここに記し、日本人の意識の変化を考えます。

１　少年時代に見た外地

１９３０年代の大連

１９３０年（昭和五年）の春、私は大連で生まれました。

大連は、満州南端の遼東《りゃおとん》半島にあり、大東亜戦争（注）の末期には、人口80万人のうち、日本人が20万人を占める街でした。

大連には、明治の日清・日露戦争の結果、日本に一定期間貸し与えられた関東州《かんとんしゅう》という租借地《そしゃくち》があり、出張所として日本政府が直接管理する関東州庁《かんとんしゅうちょう》（旧字体では關東州廳）が置かれていました。

大連は、南満州鉄道《みなみまんしゅうてつどう》株式会社——通称「満鉄《まんてつ》」——の本社があり、自由貿易港として認められた立派な港と埠頭《ふとう》のある美しい景色は、当時「東洋のパリ」などと呼ばれました。

オフィス街の大広場（現在の中山《ちゅうざん》広場）には、台湾統治に貢献し、満鉄を建設した後藤新平の銅像が設置され、横浜正金《よこはましょうきん》銀行（現三菱ＵＦＪ銀行の前身）や、ヤマトホテル

（現在の大連賓館《だいれんひんかん》）などの一流ホテルがありました。

満鉄の技術レベルはきわめて高く、のちに日本で新設された新幹線の基礎となりました。満鉄は、レール間隔の広い広軌《こうき》鉄道を大連の先まで延長し、超特急の「あじあ号」を、大連から奉天《ほうてん》（今の瀋陽《しんよう》）、新京《しんきょう》（今の長春《ちょうしゅん》）、哈爾濱《はるぴん》まで走らせていました。

日本は台湾と朝鮮半島も併合し、関東州をモデルケースとして東アジアの近代化をはかるべく、国立大学を設立しました。京城《けいじょう》（今のソウル）には京城帝国大学（１９２４年）、台湾には台北帝国大学《たいほくていこくだいがく》（１９２８年）、そして満州国には満州国立建国大学（１９３８年）が、名古屋大学（１９３９年）に先んじて設立されました。

鉄道の建設や重工業の促進のほか、朝鮮銀行や満州中央銀行などの国立銀行設置にも努め、満州へは多くの日本人が移り住みました。しかし、１９３０年は、世界大恐慌の影響で、大連の日本人は皆、苦労していました。わが家は、父が事業に失敗して母が出稼ぎに行ってから、家には中国人の使用人のほか、父と私だけの生活となりました。

そのせいか私は、赤ん坊の頃から腸が弱く、常に入退院を繰り返していました。『あなたがはじまる般若心経 ｖｅｒ．１』（＊１）に、家庭内の雰囲気が子どもの健康状態に影響を及ぼした例を紹介しましたが、私の場合もそれと同じでした。

危篤状態となったこともあり、その時は、太ももに打った太い食塩注射（リンゲル注射）で生命をとりとめたそうです。

（注）大東亜戦争は、アメリカの指導による戦後の歴史教育で「太平洋戦争」と名づけられた。

孤独な小・中学校時代

そんな健康状態ですから、幼稚園はおろか小学校４年生ぐらいまでは通学がむずかしく、小学校は半分近く欠席し、中学校への進学も心配されるほどでした。

親も大変だったでしょうが、入院中にたくさんの本を与えてもらったことには感謝しています。おかげで文盲《もんもう》にならずにすみました。昔の本は、漢字にルビがついていたので、逆に読書力がついたほどです。

小学校５年生のときに転校した先では、理科と算数がさかんで、学校の勉強に悩まされました。当時の教育レベルは、量も質もいまとは比べものにならないほど高かったのです。私は算数が苦手で、そろばんの練習も大変でした。わが家は父と母の折り合いが悪く、ほかの子のように両親がそろっていないこともコンプレックスでした。引っ越しも多く、時には電車で１時間以上かけて通学しました。小学校６年生の二学期の後半、２ヵ月ほど内地（日本のこと）を旅行した際に虫に刺されてリウマチ性関節炎になりました。足腰が立たなくなり、約２ヵ月入院しました。この時の病気がもとで、70年を経て心臓の病気が発見されるのですが、それはまたのちほどお話ししましょう。

旧制の教育制度で学ぶ

当時の教育制度は、現代の「６・３・３制」(注)とはまったくちがっていました。軍国主義と儒教思想の影響から男女別学で、小学校では男子組と女子組がありました。

１９４７年（昭和二十二年）に学校教育法が施行される前は、義務教育は小学校６年間に高等小学校２年間を加えた８年間でした。高等小学校へは、いろいろな事情で中学校に行けない子どもが進みました。

小学校の上に5年間の旧制中学校や高等女学校があり、その次に旧制の高等学校や専門学校（のちに大学になりました）を受験して3年間通います。旧制の大学は、さらにその上でした（119ページ図参照）。

勉強のよくできる生徒は俗に「4修の秀才」と呼ばれ、中学4年修了時に、旧制高等学校や海軍兵学校、陸軍士官学校を受験して進学することができました。

当時の小学校では、戦後の小学校では教えなくなった旅人算や流水算、つるかめ算、過不足算なども習いました。

国語は、読本《とくほん》（昔の教科書の呼び方）の習ったところを何度も書き写し、その回数を競って先生にはんこを押してもらうのが生徒たちみんなの励《はげ》みであり、楽しみでした。

昔は、小學校に上がった頃から、旧字体の漢字や歴史的仮名遣《かなづか》いで、國語讀本の漢字の筆寫をしました。5年生で習う「鐵（鉄）」、「歸（帰）」などの字は、最近の日本では大人でもなじみのないものでしょう。

読本《とくほん》の音読もさかんで、内容や意味を考えて一斉に声を合わせたことも、みんなの国語力を高めました。

小学校の教科書には、こんな説話も載っていました。

とある修行僧が、「いろはにほへとちりぬるをわかよたれそつねならむ（色は匂へど散りぬるを我が世誰そ常ならむ）」という美しい歌声を耳にしました。見ると、声の主は鬼のような姿をしています。

僧は、その歌に大切な真理があると気づき、続きを聞きたいと頼むと、鬼は、「お前のからだを食べてよいなら教えてやろう」と言いました。

僧はうなずき、「うゐ（い）のおくやまけふこえてあさきゆめみしゑ（え）ひもせす（有為の奥山今日越えて浅き夢見じ酔ひもせず）」という歌の続きを聞いて、感謝して鬼の前に身を投げ出しました。途端に、鬼は帝釈天に姿を変えたということです。

この歌がお釈迦様の得た「三法印《さんぽういん》」という仏教の智慧《ちえ》（諸行無常《しょぎょうむじょう》、諸法無我《しょほうむが》、涅槃寂静《ねはんじゃくじょう》）を表していたことは、のちに知りました。

小学校6年生では中国語の授業もあり、旧制中学の2年生まで中国語を習いました。校歌は、作詞がかの有名な北原白秋、作曲が山田耕筰でした。

（注）６・３・３制　戦後最大の教育改革で、小学校を6年間、中学校を3年間、高校を3年間とした制度。初期は、中学校を下級中学校、高等学校を上級中学校と呼ぶ案も出されたが、実現しなかった。教育については、ＧＨＱ民間情報教育局の助言や指導なしに日本が関連法案などを決定できなかった（「学制百年史」、文部科学省（http://www.mext.go.jp/b_menu/hakusho/html/others/detail/1317571.htm)。

旧制中学での主体的な学習

ちょうどその頃、日支事変から大東亜戦争という名の世界大戦が始まり、学校での軍国主義には、ますます拍車がかかりました。

私は、関東州庁《かんとんしゅうちょう》の管理下にある官立大連第三中学校に通っていました。私たちは、武道や体育のほかに必ず教練《きょうれん》という名の軍事訓練を受けることになっていました。

学科は、英語がキングズイングリッシュ（英国英語）で、『キングズ・クラウン・リーダー』という読本《とくほん》のほかに、文法と作文を含む教科書を勉強しました。3年生になると、リーダーに副読本の読み物が加わり、文法と作文にも別々の教科書がありました。英語の授業は週7時間の予定でしたが、戦争が激しくなると割愛されてしまいました。

数学は中学1年生から代数と幾何の2科目、国語は国語、漢文、国文法の3科目、理科は物理、化学、博物（昔は生物や鉱物を含めてこう呼びました）の授業がありました。化学は1年生から反応方程式を習いました。

社会科系統では、歴史として1年生で「国史《こくし》」（日本史）、2年生で東洋史、3、4年生で西洋史を習います。これは、今の6・3・3制教育の高校1年生のレベルで、世界史まですべてカバーしていました。

地理は1、2年生で日本地理、3、4年生で世界地理を習いました。

昔の小学校や中学校には、歴史に強いのや地理に強いのなど、「ちび博士」がけっこういて、互いによい影響を与え合って、発奮《はっぷん》して勉強する雰囲気がありました。

数学は中学2年生で三角関数、3年生で対数・虚数、4年生で級数（現在の数列）、微分・積分を学びますが、旧制中学の2年生で独学で対数や虚数を学んだ人もいました。

授業の前には必ず予習をしていきました。英語や国語は、わからない言葉は辞書を引いて自分なりに調べた上で授業に出るのが当たり前でした。

のちに新聞記者から自民党副総裁・椎名《しいな》悦三郎《えつさぶろう》の秘書に転向した御手洗《みたらし》茂昭君のように、勉学優秀、スポーツ万能、読書家の友人もいました。上級生になった16歳の頃、阿部次郎の『三太郎の日記』や、西田幾多郎の『善の研究』を読んでいた者もいました。

同時通訳者としてアメリカ大使館に勤務した奥《おく》一郎《いちろう》君は、上司の西山千さんにアポロ月面着陸の通訳を命じられ辞退したというエピソードの持ち主です。そのため、同時通訳者として西山千さんの名前が残りました。

いま思えば、大連の旧制中学時代の同窓生は意外とエリートぞろいでした。受け身の勉強ではなく、自分から主体的に学習に参加する風土が優秀な人材を育てたのでしょう。

コラム 2

忘れ得ぬ小学校時代の恩師

私が小学校5年生で転入した大連の向陽《こうよう》小学校に、向井勲先生という理科の先生がいました。

背が高く眼鏡をかけて、剣道二段の独り者。いつもにこにこしていました。先生は大変博識で、理科の準備室が管轄でした。しかしなぜか小学校の宿直室に寝泊まりしておられ、みんなでよくそこに遊びに行ったものです。

5年生の頃のわが家は、父が大連から奉天《ほうてん》（いまの瀋陽《しんよう》）へ長期の単身赴任となって、入れ替わりに母が戻り、今度は母子家庭になりました。

不仲の両親がつくる家庭の雰囲気は暗く、グレるおそれのあった私ですが、映画館や飲食店に行くことも禁じられ、家から外に出る機会もなかったため、楽しみといえば、学校で好きな野球をするか、友だちと話すことくらいでした。

向井先生は、私たちに本格的な道具をもたせて、昆虫採集や植物採集に連れて行ってくださいました。さて、帰ってきてからが大変です。今度は、採ってきた虫や植物を用いて本格的な標本づくりを教わるのです。

蛙の研究では、おたまじゃくしを水槽で育てるところから始めます。先生は、解剖のために蛙を気絶させるのも上手で、足をもって、頭を机にコン、とぶつけて気絶させました。私たちもそれを真似て蛙をコン、と気絶させ、生体解剖をしました。

理科だけでなく社会では、立体地図の作成を習いました。新聞紙を細かく切って、障子を貼るのに使う「ふのり」と一緒に鍋で煮て、これを材料に立体地図をつくるのです。

川の色と山の色を塗り分けてみんなで地形図をつくるのは、なんと楽しい作業だったでしょう！

楽しみながら子どもたちにたくさんのことを教えてくださった先生のおかげで、私は理科や歴史や地理が大好きになりました。

向井先生は、阪神淡路大震災の前に、私が初めて出版した『般若心経の真義』（朱鷺書房、１９９３年）のことを知って、神戸の震災後に私が転居した大阪の家まで電話をかけてくださいました。

卒業後50年経っても生徒を忘れず気にかけてくださる先生を、その後、友人とご自宅に訪ね、お目にかかれて大変感激しました。

2　教育の混乱

敗戦、そして治安維持に駆り出される

旧制中学では、学年が進むにつれ勤労動員が多くなりました。学生たちは工場などに派遣され、学科の勉強は少なくなりました。一方、軍事教練は相変わらずで、上級生になると、年に一度の実弾射撃訓練などを含む戦闘訓練を受けるようになりました。

戦況はしだいに悪化し、日本軍の精鋭である関東《かんとん》軍は南方の各地で戦っていたため、満州にいる日本軍は少数で弱体化していました。その機に乗じて、私たちが最高学年の中学４年（注1）のとき、ついにソ連軍が日ソ不可侵条約を破って満州に戦車で攻め入ってきたのです。

学校の先生の多くは、召集されて戦地に行き、私たちはソ連の戦車隊を迎え撃つ訓練を受けていました。

１９４５年（昭和二十年）の８月15日、戦争は、日本の敗戦という形で決着がつきま

した。ソ連軍が侵攻してきても満州を完全に占領するまでは、関東州の治安を維持するのは敗戦国である日本の役目でした。

敗戦の日の翌日、私たち最高学年は、「身の回りの品をもって関東州庁前広場（現在の大連の「人民広場」）にすぐに集合せよ」と、突然呼び出されました。

各自に、当時の三八式歩兵銃《さんぱちしきほへいじゅう》（注2）と銃剣《じゅうけん》（注3）、実弾30発が支給され、「大連から百キロメートル離れた地点で暴動が起きた。今から、その鎮圧に協力しに行く。家の方へは後で連絡しておく」と、一方的な命令を受けました。

満鉄の列車に乗って到着した貔子窩《ひしか》という町で、たいていの学生は町の要所で警戒することになりました。私を含む7名は、さらにそこからバスで十数キロメートル離れた田舎へ派遣されました。

着いたところでは、10名ほどの特高警察《とっこうけいさつ》が機関銃をもって大勢の暴動鎮圧に成功しており、私たち7名はそれを引き継ぎ、以後、毎晩警戒態勢をとるべしとのことでした。ただし住民を刺激しないために、みだりに銃を撃つことは禁止、ふだんは弾《たま》をこめない銃と銃剣《じゅうけん》を携帯しました。

大日本塩業（現・日塩）の加里《かり》工場と、日本人の経営する数軒の農園が私たちの担当する警戒区域でした。大日本塩業の倶楽部《くらぶ》と呼ばれた建物を宿泊所とし、私たちは７名を３名と４名の二組に分け、昼間を除いて夕方から３時間交代で朝まで毎日巡視することに決めました。

私の属した４人組のほうは、さらに２人ずつに分かれて50メートルほどの距離をあけて巡視し、どちらかに異変があればすぐ駆けつけられるようにしていました。

（注１）１９４５年頃の旧制中学は、５年制から４年制に切り替わっていた。
（注２）三八式歩兵銃　日清戦争で主に使用された長さ１ｍ程度の国産の連発式小銃
（注３）銃剣　銃の先端部に剣を装着して槍のように使用する武器

コーリャン畑の危機一髪

三日目の夜のことです。先導していた私たちは、後ろから来るはずの２人の足音が聞こえないのに気づきました。

田舎道のことで、50メートル離れても足音は聞こえます。とっさに「何かあった」、と思い、急いで取って返しました。

見ると、２人の仲間がコーリャン畑から棍棒《こんぼう》をもって現れた7、８名の中国人の男たちと対峙《たいじ》しているではありませんか。ただならぬ雰囲気に、隣の奴と目配せをして、思わず5発の弾《たま》を銃にこめ、安全装置をはずして、いつでも撃てるように銃口を彼らに向けました。

「誰だ！」と中国語で問いただすと、中国人の中に混じっていた日本語のできる学生が答えました。彼らは、近くの部落のお祭りに出かけ、村へ戻る途中でした。先日暴動があったために、用心して棍棒をもっていただけだとわかりました。

彼らを整列させて身体検査をしても、とくに怪しい点もなかったので、私たち４人で彼らを警護しながら村まで送っていきました。

翌日、前夜のできごとを交番へ報告に行くと、なんと貔子窩《ひしか》の警察署本部が中共八路《ちゅうきょうはちろ》軍《ぐん》(注)のゲリラに襲撃されるという情報が入っていました。私は、塩業会社や農園の人たちと善後策を協議しました。

塩業会社の人たちの武器は竹槍があるばかりで、農園には猟銃が数挺《すうちょう》と日本刀が三振りほど。私たちには鉄砲七挺《ななちょう》と合計２１０発の銃弾に銃剣のみです。

もし本署が襲撃されたら、私たちには帰るところすらなくなります。以前のような大規模な暴動が起これば戦うしかないと、死を覚悟して銃剣を磨きましたが、ほどなく交番から連絡がありました。有力者を介してゲリラの首領と話し合った結果、ソ連軍侵入までは日本側が治安維持に当たり武器をもたずに警戒することで、本署襲撃の件は決着がつきました。

３日後、本署から迎えが来ました。私たちはもってきた銃器類を置いて、農園から貔子窩《ひしか》に戻り、特高警察の人たちと合流して満鉄の列車に乗り、約10日ぶりに大連に戻りました。

（注）　中共八路軍　中国の共産党軍で人民解放軍の前身。「中共」と略された。

ゲリラと敗戦国

大連の町は、出てきたときとは様変わりしていました。

ソ連軍に占領され、暗い雰囲気で、略奪が横行していました。私たちの通っていた中学校は、ソ連軍の戦車隊に接収されていました。

友だちと2人で、小学校の恩師・向井先生の安否を確かめに、その住居である宿直室を訪ねました。幸い先生はお元気でした。

その帰り道、私たちは突然、青竜刀《せいりゅうとう》（注1）をもった6、7人の中共のテロの男たちに取り囲まれ、身体検査をされました。幸い私たちは丸腰《まるごし》で、不審者ではないと認められました。頭は丸坊主で着ていた菜っ葉服が軍服に似ていたため、眼をつけられたのです。目の前であの重い青竜刀をびゅんびゅん振り回され、生きた心地がしませんでした。あのとき、もし武器をもっていたら、「鼻をそがれ、耳を切り落とされて拷問を受けたにちがいない」と、あとになって脅かされ、肝を冷やしたものです。

略奪にやってきたソ連軍の若い兵士に自動小銃を向けられたことも何度かありました。危ない目にあっても、そのたびに私は命拾いをしてきました。

戦争に負けるということは、勝った国の理屈で裁かれるということです。東京裁判の首席検察官のジョセフ・キーナンは、「文明が野蛮を裁く」と言いました。文明とは勝ったアメリカを含む連合国、野蛮とは負けた日本です。

戦争に勝ったアメリカは、日本を徹底的に変えようとしました。学校で使う教科書は、国家主義や戦意を鼓舞《こぶ》する箇所を生徒に墨で塗りつぶさせました。多くの人が指摘するとおり、日本の文化的な財産や資源が奪われたのはあの時です。いまとなっては、日本独自の文化的財産があったことも忘れ去られてしまったかもしれません。

日本人が自分の国の歴史や文化をよく知らず、誇りをもとうとしないことは、寂しいことであり、日本の将来にとって大問題です。ですが、多くの人は気にせず、自分の国を憎むかのような発言をする人さえいます。

そして本来、一国の憲法を別の国が変えることは、国際法に違反した越権行為です。アメリカが日本に対して洗脳政策（注2）を行い、日本人としての自立を奪ったことは、よく知られる事実です（＊2）。憲法の英語の原文と日本語の訳文の差異も指摘されています（＊3）。

戦後の日本国憲法を「平和憲法として死守すべき」と考える人は、アメリカの公式文書に記録が残されている開戦の経緯や憲法の成立過程を知っているのでしょうか。

いろんな立場の方がおられ、誰もが平和を願っています。しかし、「平和」を維持するためには、「戦争をやめよう」と言うだけでなく、具体的に何が必要かを考えていかなければなりません。それが自立した国家の条件です。

さらに、多くの人は、人間は戦争がなくても死ぬこと、武力以外の戦争もあることを忘れています。

戦後の日本はアメリカの属国となり、敗戦という異常事態によって日本人の思考力が狂ってきたとまで言われています（＊4、＊5、＊6）。

中でも、マスメディアと教育は徹底的に骨抜きにされました。

そればかりか戦後70年以上経過してもなお、旧敵国条項によって日本は、国連（国際連合）の中でいまだに唯一の侵略国の扱いです。

敗戦から2年後の１９４７年（昭和二十二年）、ＧＨＱ（連合国軍最高司令官総司令部）の指導により教育基本法が施行されました。

時代が大きな転換期を迎える中、私は日本に引き揚げました。2月8日、17歳になる直前のことでした。

（注1）青竜刀　中国で用いられた長い刀で、幅広の刃が湾曲している。

（注2）文芸評論家・江藤淳氏は、一次資料に基づき、占領時のアメリカが、侵略戦争を行った罪悪感と自虐史観を日本人に植えつける目的で、ウォー・ギルト・インフォメーション・プログラム（War Guilt Information Program：WGIP）という洗脳政策を行ったことを明らかにしている。東京裁判はそのプログラムの一環で、戦争をリードした人たちの責任を追及した。多くの外国人識者による『世界が裁く東京裁判』（明成社、２００５年）を参照されたい。

大学時代と音楽

１９４８年（昭和二十三年）、私は、現在の神戸大学の前身である神戸経済大学の予科に入学しました。大連にいた頃は、旅順工科大学に行きたかったのですが、神戸経済大学の予科に進むことにはメリットもありました。

当時の制度では、高等学校に進んだ人は、大学の入学試験を受ける必要がありましたが、神戸経済大学の予科に進めば、新制大学に制度が切り替わっても、無試験で大学に編入できたのです。

予科は「大学の一部」（現在の大学の教養課程に相当）という位置づけで、旧制高等学校と同等の３年間を履修期間としていました。しかし、私が入った時にちょうど制度が改正されて新制の神戸大学になり、予科では、わずか１年間旧制高等学校の雰囲気を味わっただけでした。

当時の受験制度は、今とはまったく異なり、旧制中学の４年生、５年生、浪人生に大学の受験資格がありました。しかも就職率は１００％というので、競争率20倍近い難関でした。

なんとか大学に入学したあとも、戦後の貧乏学生は、大半がアルバイトに明け暮れ、学業どころではありませんでした。

そんな中で私は、グリークラブ（男声合唱団）に入りました。

音楽については、戦後の大連でカルチャーショックを経験していました。毎日２００人以上の餓死者が出る状況で、ソ連兵たちが車で町を通るとき、みんなで声を合わせて歌っているのを聴いたのです。

それは立派な男声合唱で、私たちが耳にしたこともない種類の音楽でした。

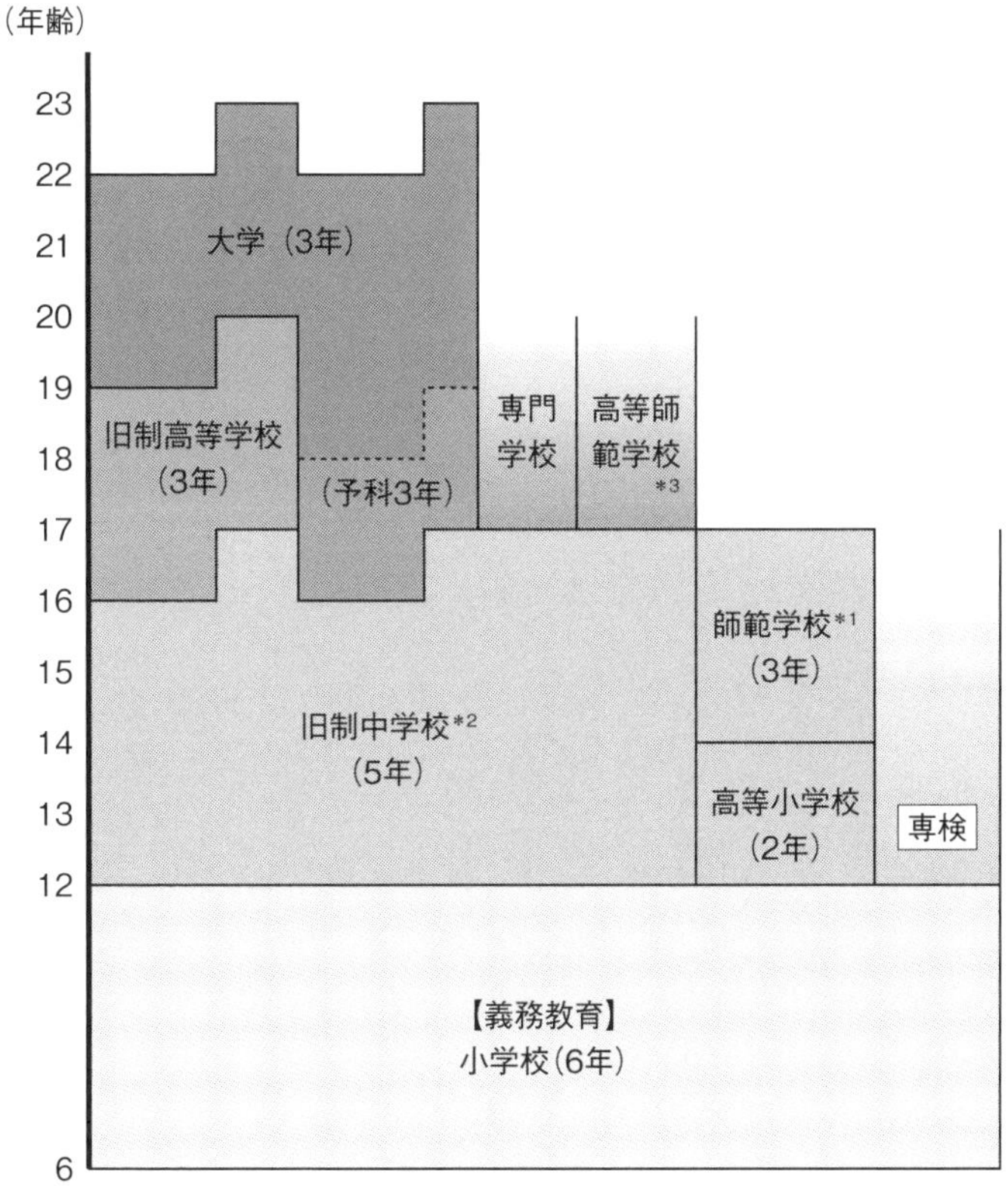

昭和20年前後の6歳～23歳までの学制のイメージ（記憶をもとに整理）

軍国主義教育であった旧制の制度では、学習機会が現在より多彩で柔軟だった。小学校しか卒業していなくても、「専門学校入学資格検定（略称・専検）」に合格すると、中学校修了程度の学力があるとみなされ、進学の資格が得られた。勉強次第では、旧制の小・中学校の教員資格も取得できた。

＊1　師範学校では小学校教師の資格が取得できた。
＊2　「4修の秀才」は、中学校5年生時を待たずに4年生時に旧制の高等学校や大学の予科などが受験できた。
＊3　高等師範学校では中学校教師の資格が取得できた。

戦前（終戦前のこと）、軍国主義の教育を受けていた日本の学生は、軍歌を斉唱するだけで、私たちは、彼らの洒落た歌い方に感心したものです。

グリークラブで私はテノールのパートを割り当てられ、ロシア民謡や日本の唄ではソロも歌わされるようになりました。

私はコンサートに行って、声楽家の口の開け方や呼吸、声の当て方を一生懸命観察しました。声楽家が出演する外国のミュージカルなども研究して、ピアノの練習室で発声練習に励みました。そのうち、なんとか歌が歌えるようになりました。

合唱のおかげで、元来ひっこみがちの性格であった私は、大勢の人の前で自分を表現することができるようになりました。

大学時代のグリークラブの仲間とは、卒業後も「六甲男声合唱団」をつくって活動を続けました。また、地方都市に住むようになってからは、高等学校の音楽の先生の指導で、地方ではめずらしい男声合唱団をつくり、地方の文化活動に多少の貢献をしました。

当時の私たちにとって、音楽は生きる上で大切なものでした。たとえ生活に余裕がなくても、生活の中に音楽があることが、自分たちを勇気づけ、元気づけてくれたのだと思います。

ひょんなことから塾を始める

私たちの学年は、新制神戸大学の第一期卒業生として、旧制神戸経済大学の最後の卒業生と一緒に卒業しました。

戦後、朝鮮動乱の軍需景気で一時的に景気がよくなった日本は、動乱が収束した途端に猛烈な不景気となりました。企業の倒産が相次ぎ、期待に反して未曽《みぞう》有の就職難となったのです。

私は運よく４００名中５名採用という難関をかいくぐり、銀行向けのコンピュータ納入ではトップシェアをもつアメリカの会社の代理店に入社することできました。そこまではよかったのですが、アメリカ風なのか、日本人の美人の女性上司がデスクに座って上から目線で話すのに嫌気がさし、入社20日でさっさと辞めてしまいました。

家庭の事情で多額の借金があり、結婚もして、もうすぐ子どもも生まれるという状況で自分たちの住む家を探さなければなりませんでした。私は、何をやっても生活をしていく覚悟で、結局、人の勧めで、元手のいらない塾を始めました。

しかし、当初から私は、学習塾というものに抵抗を感じていました。

学習とは、本来、自発的に行うものであるはずです。人に教えられなければ学習できないのでは困ります。

私は、大連で、旧制の小学校や中学校を通じて素晴らしい先生に出会い、自分で勉強する楽しさを知りました。

小学校では、向井先生から昆虫採集や植物採集をした時の本格的な標本のつくり方を習ったり、立体地図をつくる方法を習って実に楽しかったのを今も鮮明に覚えています。

戦後、日本の旧制中学校では、英語の教科書がなくなり、古代ギリシャの『ユリシーズの冒険』や中世の『アーサー王の物語』、シェイクスピアの作品やミルトンの『失楽園』などから抜粋した文章を集めて教材を手作りし、それをガリ版で刷って教えてくれた清《せい》野《の》先生もいました。

当時は、教師の教養が非常に高く、灘高の名物教師・橋本武先生のように、すぐれた専門家がたくさんいらっしゃいました。

開かれていた教育の機会

戦後の学校制度は軍国主義でしたが、勉強しようとする人には、柔軟な選択肢がありました。

小学校しか出ていない人でも、本人の努力によって、大学で教職につくことができました。そもそも師範学校に進む人は、けっして経済的に恵まれた人ではありませんでしたが、小学校の教員資格を取得することができました。

旧制中学で漢文を教えていただいた井上《いのうえ》寿老《じゅろう》先生のことは、当時の教育制度を説明する上でも、とくに書き残す意味があります。

井上先生は、「専検」（119ページ図参照）を取得して中学校の卒業資格を取り、教員検定試験を受けて、旧制の小・中・高等学校の教員資格をすべて取得されました。いまの大学の教養課程を教えられる水準までの学識と教養を独学で身につけられたのです。

当時、教員免許所有者には官位が与えられ、尋常小学校しか出ていない人が通信教育を受けて勉強し、「専検」に合格して中学校の卒業資格を取り、最終的に大学の教員になることもできました。きわめて難関でしたが、「専検」の制度は、独学で勉強し教員になった、真の意味での「学者」をたくさん生み出したのです。

植物学者で有名な牧野富太郎氏も、小学校中退という学歴ながら、東京大学で植物の研究をし、画期的な植物図鑑をつくりました。

井上先生は、戦後、文学博士になられました。

私が幸運にも受けることができた教育は、自主・自立の精神に溢れた教養ある先生方に支えられていました。

近年は、民主主義が無条件に正しいものと考えられ、その対極に軍国主義があると思われています。しかし、**日本人が用いる「民主主義」も「資本主義」も「自由」も「神」も、もともとの西欧の思想とはかけ離れたもの**であることは案外知られていません(*7)。

ひとつ言えることは、戦前の日本は、軍国主義下でも、いまよりは教育の重要性を認識していた国であったということです。

旧制中学の教育を模倣する私立中学校

神戸大学の学生のとき、たまたま灘中の生徒の家庭教師をしたことがありました。

その親御さんから直接聞いたところによると、灘中の先生方は、戦後の６・３・３制に違和感を抱いておられました。

そして、戦前の旧制中学校の教育システムを採用することを方針として、中学・高校が一貫するような教育を行いました。そのほうが大学受験に有利だと考えたからです。

塾を始めてから、実際に灘中の授業を見学する機会がありましたが、そこで行われていたのは、まさに自分が受けたかつての旧制中学校の教育でした。

灘中は、その教育によって、当初の構想どおり大学受験で著しい成果を上げました。意欲のある私立中学・高校は、一斉に灘中に続き、受験対策に成功しました。

このため、公立の小学校から私立中学を目指そうとする子どもたちは、受験競争に駆り立てられることになりました。かくて戦後の日本では、小さいときからいびつな早期教育、いびつな受験競争がさかんになったのです。

本来、日本は、昔から教育水準がきわめて高い国でした。江戸時代の日本の寺子屋教育のレベルは非常に高く、子どもたちは、ひらがなとカタカナのほかに漢字の音・訓を学び、その数は３万２千字でした。

それに比べ、GHQの指導のもとに、昭和二十一年（１９４６年）11月に国語審議会が日常的に使用するものとして定めた当用漢字は、１８５０字からスタートさせられ、それまで使っていた漢字が「やさしい漢字」に置き換わり、仮名づかいも変えられました。そのため、旧漢字で書かれた文章が読めない人が増え、古文が「むずかしい科目」になってしまったことは大変残念です。

平成三十一年（２０１９年）現在では、小学生１０２６字、中学生ではそれに１１１０字を加えた漢字を習得することになっています（*8、*9）。

文章の表現力も昔と比べると大きく低下しました。

司馬遼太郎の『坂の上の雲』には、明治の時代、小学校しか出ておらず農業に従事していた人が戦争に行った時の日記が出てきます。自分が受けた訓練のことや、冷たい飯を食ったことなど、日常のなんでもないことが書かれているだけですが、その豊かな表現力に、学歴とは無関係の教養と文化レベルがはっきり表れているのに感心します。

評論家の草柳大蔵氏（故人）は、旧制高等学校で重んじられた「リベラルアーツ」（78ページ参照）を戦後一般教育課程に転換した教育改革を「愚策」と断じています（*10）。

比較することは適切でないかもしれませんが、大連の旧制中学1年生の社会科の試験問題は、「鎌倉幕府の起源と意義についてのべよ」「○○地域の地図を書け」など、わずかひとことでした。13歳の学生は、当然のように記述式の解答を求められ、そして、ほぼ全員が解答できました。

戦後の6・3・3制で、勉強する量も質も昔より圧倒的に少なく、やさしいものになったことは、若い人の読解力に影響を及ぼしています。

人工知能「東ロボくん」プロジェクトの新井紀子氏の調査では、現代日本の大学生の多くが数学の問題文の意味を理解できないという衝撃的な結果が得られたことは有名です(*11)。**大人でも、やさしい日本語の文の意味がわからないという人が増えています。**

戦後教育で学習内容がやさしくなって、量が少なくなっていても、内容を理解できない子がいました。また、学力以前にやる気のない子もいました。

子どもたちにやる気を出させ、自発的に学習できるようにするには、どうしたらよいか、これもまた私の重要なテーマとなりました。

「学校でやらないことをやろう」

結局、私は、「学校でやらないことをやろう」と思いました。

当時、アメリカ映画やゲーリー・クーパーが好きだった私は、英語のリスニングと発音に力を入れました。英語の発音としてはボストンの英語がきれいだと知り、ネイティブの音声教材を入手しました。

当時の住まいの２階の畳の部屋を教室とし、長さ１８０㎝くらいの細長い座卓に４人の生徒を座らせました。机の下にイヤホンをつなぐ装置をつけてテープレコーダーから音声を流し、みんなで聴けるようにしました。

高価なコピー機は手が届かなかったので、手書きの教材を、サンビームというドラム式の印刷機で人数分刷って配りました。

私は、中学校で学習する内容のレベルを何とかして上げなければならないと、そればかり考えていました。教科書を暗誦《あんしょう》し、それを書くトレーニングもずいぶん行いました。新制度の中学校と高校とのギャップをできるだけ少なくし、高校での勉強にスムーズに橋渡しするためにさまざまな工夫をしました。

その甲斐あって、私の塾に通っている中学生たちは、目に見えて英語の発音がよくなり、学校の試験でも平均して90点がとれるといった成果が表れてきました。

レベル向上だけでなく、私は、ひとつの単語にどんな文化的背景があるか、語源の話など、学校ではあまり聞けないようなことを教えました。

例えば、industryという単語の訳語は「産業、工業」などがよく知られていますが、ほかに「勤勉」の意味があります。こんな話から、マックス・ウェーバーの『プロテスタンティズムの倫理と資本主義の精神』の話や、日本の資本主義と道徳の話をするというように、私の講義はいつも知的好奇心を起こすことを考えました。

それを面白がって聞く生徒には、レベルの高い大学を受験して合格するケースが増えてきました。入塾希望者も増え、便宜上入塾試験を行って生徒数を絞ったりもしました。

私は、塾の方針を明らかにするために、戦前と戦後の学校教育の内容のちがいや、学習とは何か、学習する上でのやる気を育てることの大切さについて、塾生の親御さんたちをたびたび集め、勉強会を開いていろいろな話をしました。

塾の名前も、子どもだけでなく大人も学べるように「能力開発研究会」としました。

入塾試験に合格しても、大切にしたのは、点数より本人の意欲と人間性でした。

ある生徒は、入塾試験で高い得点がとれませんでしたが、話をすると、大変しっかりしていて、どうしても入塾したいという強い意志をもっていました。

彼は中学時代に猛勉強して、とある私立高校に合格し、自分の実力を証明できたことに満足して、そこを蹴り、友達と同じ地元の高校に入って、私の塾に入りました。

私の紹介した本の名前もいちいちメモして自分で読むほど熱心な生徒で、この地域では前例のない一流国立大学に現役合格したのには、本当に感心させられました。

コラム3 私の英語修業

大連時代、クラスに歴史や地理のちび博士がいたことは、さきにお話しました。

私もご多分にもれず、熱心に取り組んだ学科がありました。それは英語です。

15歳の頃、自分で英語の参考書を10冊以上買い込んで、こちらに書いてあることは、別の本の解説とはちがう、などと、いろんな学説を調べたりしていました。
辞書も、ＰＯＤ（Pocket Oxford English Dictionary）と2分冊のＳＯＤ（Shorter Oxford English Dictionary）というオックスフォード大学出版局の英英辞典の簡略版を使っていました。

英語のできないクラスメートは、私を敵性語にかぶれた非国民だとして「イングリッシュ・ボーイ」とニックネームをつけ、いじめました。当時は、英語を禁じられ、「カレーライス」を「黄色汁《きいろしる》かけ辛飯《からめし》」などと呼ぶ時代だったのです。

私は、「海軍兵学校でも英語を勉強するではないか」と応戦し、『孫子《そんし》』の兵法《へいほう》を持ち出して、「敵を知り、己を知れば、百戦して危うからず」と、英語学習の意義を主張しました。

ところが、戦争が終わったとたんに、私を非国民となじった連中が、一転、「これからは英語の時代だ！」と言い始めたのには唖然《あぜん》としました。以来、私の英語熱は急速に冷め、哲学への関心が深まりました。

ただ惜しまれるのは、引き揚げてきたときに大連にＳＯＤを置いてきたことです。

大学に進んでからは、語源と英語による説明を入れた斎藤静氏の『双解英和辞典』（冨山房）や、斎藤秀三郎氏の『熟語本位英和中辞典』（岩波書店）を使い、学習塾を始めてからは、生徒に発音記号や辞書の見方を教えられるほど、英語に精通していました。

3　考え方の混乱

「赤い花」はあるか

学習を意味のあるものにするために、私は、学習とは何か、教育とは何かを根本的に研究し、小学館の『教育学全集』全10巻を買い求めて読んだりしました（注）。

一人ひとりの生徒が自発的に学び、またそれぞれに納得できるスタイルとは何かを追求するうち、当時、注目を浴び始めたスキナーの心理学から始めて他の学者の説を研究し、教育工学に可能性を見出しました。

私は、学習者が理解しやすいように、ステップごとに自分で確認しながら進められるような、自分なりのプログラム学習とテープを利用する学習法を考案しました。

ちょうどその頃、私は、学習塾の仕事のかたわら、世の中の動きに取り残されないよう、社会人としての勉強のために、経営コンサルタントの通信講座を受講し始めました。

定期的に開催されるスクーリングでは、当時売れっ子の経営コンサルタントの講義を受け、アメリカでの新しい経営学や「やる気」の問題を研究していた講師から、脳生理学や認知科学、行動科学などの話を聞き、フロイト、ユングなどの深層心理学や、関連する催眠研究の話などに興味を惹かれ、人間の不思議にますます引きこまれていきました。

私たちは、知らず知らずのうちに固定観念によって自分の行動を規定しています。

例えば、複数の人の前に赤い花があるとします。

しかし、厳密には、「赤い花」という共通の実在はなく、そこにいる人たちそれぞれに、「赤い花」があることを事実と信じる心象（イメージ）があるだけです。

それは、思いこみであり、固定観念です。

心理学博士の濱野恵一氏は、人間の視覚が意識に左右され、「意識しないものは目に映らない」とのべています（＊12）。

1520年、マゼランが南米最南端のフエゴ島に到着したとき、島民には目の前の大型帆船《はんせん》が見えませんでした。それは、彼らの意識に「大型帆船」というものが存在していなかったことに起因します。

同じように、氏の知人男性も、ネパールで巨大なヒマラヤ山峰を眼前にしたとき、想像をはるかに超えた大きさであったために、山が見えなかったということです。

子どもを教える中で、人間の能力や創造性に強い関心をもっていた私にとって、**人間が固定観念や常識からいかに自由になるか**ということは、大きなテーマでした。

例えば、ビジネスパーソンは、たいてい自分の知るビジネスの常識を疑いません。しかし、常識だと思っていることが、ともすれば視野を狭くし、頭の働きを固定化させている場合があることには気づきません。

自分の知っていることとかけ離れた現象があるといわれたとき、「それはどういうことだろう？」と、純粋に興味をもち、偏見なく受けとめてさらにそれを知ろうとする人もいれば、それほど関心を示さない人もいます。また、自分では積極的に知ろうとせず周囲からの情報で意見を決めたり、よく知らないのにそれを熱狂的に信奉したり、その逆に、常識と固定観念から、知らないことを断固否定する人もいます。

「やる気」や「意欲」を育て、能力を開発するためには、こうした固定観念は大きな障害となります。

（注）１９６７年に出版されたこのシリーズのうち、杉靖三郎（ハンス・セリエのストレス学説の紹介者）や時実利彦（『脳の話』の著者）らが「身体と教育」について解説した第10巻を、いまも所持している。

意志と想像力

大勢の人の前で話をしようとすると、たいていの人はあがってしまい、あがるまい、と努力すればするほど、ますますあがります。禁煙やダイエットが必要だと思って、努力しようと思うのに、実際にはその努力ができません。「やる気」があっても、いつも三日坊主な自分に嫌気がさし、「根性」が必要だと感じます。

「努力」と「根性」によるサクセスストーリーを見聞きするにつけ、自分には、そもそも「やる気」も「根性」もないのではないかと、気弱になってしまいます。

ですが、弱い自分をまず認め、そこからスタートして「やる気」を育てるという考え方もあります。

19世紀のフランスに、ナンシー学派のエミール・クーエという心理学者がいました。

クーエは、20年間の研究・実験を重ねた上で、ある法則を見つけ出しました。

a　意志力と想像力が争えば、勝つのは常に想像力である。
b　想像力は、意志力の2乗に比例する。
c　想像力と意志力が協力すれば、その力は両者の積になる。
d　想像力は、常に誘導可能である。

これは「努力逆転の法則」と呼ばれ、**人間にとって大切なのは想像力だ**ということを主張したものです。

例えば、40歳を過ぎて転職を考えるとしましょう。自分はこれまで一生懸命努力してキャリアを磨いてきた。能力には自信がある。しかし、必ず条件のよい仕事につけるという強気の人は、そうたくさんはいないでしょう。

それほど、私たちの想像力は、不安に支配されやすいのです。

どれだけ強い意志力をもとうとしても、意志力はたやすく不安の想像力に負けてしまいます。むしろ、何とかして想像力を上手に活用するほうが賢明です。

想像力とは、何かに心を向けるという私たちの意識の働きにほかなりません。

だからこそ問題に直面したとき、「解決した」というイメージを強く思い描くことが大きな力をもつのです。

昨今では、認知科学や脳科学、あるいは心理学の観点から意識を理解しようとする傾向が強くなりました。

『あなたがはじまる般若心経 ver. 1』で紹介したエックルスやペンフィールド、あるいは分離脳の研究家であったスペリーなどのすぐれた脳科学者は、脳の重要性を説きながらも、**脳をいくら調べ上げても意識のことはわからない**という結論に達しています。

21世紀になっても、精神神経学者のジェフリー・M・シュウォーツとシャロン・ベグレイは、『心が脳を変える』（＊13）において、脳という器官がすべてではなく、むしろ、人間の意識の力が重要であることを示唆しています。

脳科学や偽スピリチュアルよりも腸

ここ十数年、日本は脳ブームと心理学ブームです。

最近の日本人は、「科学」という言葉にめっぽう弱く、ある有力な説がブームになると、すべてをその論理で説明できると考える人が増えてきました。宗教やいわゆるスピリチュアルなものを、「科学的でない」という理由で軽んじることもあります。

「スピリチュアル」は、近年、緩和ケアなど医療分野の重要なキーワードで、学問的にも研究されていますが、科学偏重主義の人は、現場での真摯《しんし》な取り組みさえも誤解する可能性があります。

一方で、「科学がすべてではない」として、「いわゆるスピリチュアル」に傾倒する人は、「癒しフェア」や神社に出かけて、熱心に自分探しをしています。経済的な問題や健康、人間関係など、自分が直面する問題を解決する幸運を引き寄せたいのです。

しかし、こうした考え方は、いずれもバランスを欠いており、かつて旧制の教育を「軍国主義教育」として全否定したような短絡的な思考に似た危うさを感じます。

脳科学でたいていのことが説明できると言う人にとって、「脳」とは頭脳のことです。これは、仏教の言葉でいえば、「分別智《ふんべつち》」といって、自己と他者の区別があることを前提とした、ごく常識的な知恵にほかなりません。

しかし近年、腸内細菌叢《さいきんそう》（腸内フローラ）に注目が集まり、腸が免疫に重要な役割を果たし、脳と同じくらい賢いことが知られるようになってきました。

腸の機能が脳に匹敵することは、１９７０年代から、新潟大学名誉教授の藤田恒夫氏（故人）の研究により、細胞レベルで明らかにされています（＊14）。

藤田教授は、電子顕微鏡を駆使して腸の細胞を観察し、腸には脳の細胞から分泌されるホルモン（ソマトスタチン）や、刺激を受け取るセンサー細胞があり、腸が脳や脊髄から独立して働いていることを突き止めました。

とくに、腸のセンサー細胞を、「ニューロンに並ぶもの」の意味で「パラニューロン」と命名し、「腸は小さな脳である」とものべています。

うろ覚えですが、武道のほうに腹脳《ふくのう》（abdominal brain）という言葉があるそうです。臍下丹田《せいかたんでん》に集めた意識を呼吸法によって全身に伝えて腹脳《ふくのう》を活性化すれば、自分の思いはからいを超えた観点から敵を倒す技を繰り出すことができます。

これは、腹脳《ふくのう》に、**無明《むみょう》の意識を離れた「無分別智《むふんべつち》」とも言うべき智慧《ちえ》**が備わっているためだと考えられないでしょうか。

「無分別智《むふんべつち》」は、自分を最優先にする個我（エゴ）とは対極にある宇宙意識の働きです。

私たち人間には、肉体の心（sense mind）だけでなく、宇宙意識（cosmic consciousness）が働いているからこそ、「無明《むみょう》」の分別を超えた力を発揮することができるのです。

頭脳偏重《ずのうへんちょう》主義や、いわゆるスピリチュアルでは、いつまでも自分を「無明《むみょう》」の意識状態にとどめ、「縁起《えんぎ》」の次元の自分がすべてだという思いこみから逃れられません。

英語では、直観や第六感のことをgut feeling（腸の感覚）といいます。脳が支配する「無明《むみょう》」の意識状態から自由になることが、人生の難問解決につながるのです。

危険な流行――「グローバル」「文系VS理系」

受験生向けの進学情報では、「グローバル教育」に力を入れる大学が特集されています。しかしその内容は、英語力の強化と留学促進、コミュニケーション力の向上など、割合皮相なものにとどまっている印象です。

英語の学習は大切ですが、多くの識者が指摘しているとおり、「グローバル教育」や「国際化」に必要なのは、実は国語力です。

国際的数学者の藤原正彦氏は、『祖国とは国語』(＊15)の中で、現代日本人の国語力と学力低下を憂えています。

国語は思考そのものに深くかかわるすべての知的活動の基礎で、漢字や古典の重要性について、氏が平成十六年（２００４年）の文部科学省文化審議会国語文科会委員を務めた際からも繰り返し指摘していますが、ほとんどかえりみられていません。

藤原氏は、「国語の中に祖国を祖国たらしめる文化、伝統、情緒などの大部分が包含されている」ことを理由に、英語第二公用語論が「国民の徹底的な知的衰退をもたらす」として批判し、論理力を培《つちか》うためにも「国語教育絶対論」を主張しています。

母国語の教育はそれほど重要な問題です。

しかし、それは文系的な教養をより重視すべき、という話ではありません。

竹内薫氏は、『理系バカと文系バカ』(*16)の中で、文系と理系を切り離して学ぶよりも、文理融合が必要であるとのべています。竹内氏は、元財務官僚・高橋洋一氏を例に、数学というバックグラウンドのある人が、経済学の知識を身につけたとき、いかに強みを発揮するかを紹介しています。

私も、**文系・理系いずれかへの偏重には問題がある**と考えます。それはとくに、仏教の専門書を読んだ時に感じることです。仏教研究者は、文系の手法で文献に基づいて、さまざまな考察をしています。しかし、人間全般の問題を扱い、世界について考えるには、物事を複数の視点から見るためにも科学的な教養が不可欠です。

私には、多面的に物事を見ることの大切さを、身をもって知った経験があります。

知人の食品会社で健康食品の営業に奔走していた頃、ベトナム戦争が本格化しました。偶然、ある領事館の人から、戦争の筋書きを聞いたのです。

戦争は、ベトナムを南北に分断して行われました。北ベトナムのバックについた中国は、食糧不足に陥り、南ベトナムを支援していたアメリカからの食料供給を希望していました。しかし、表向きは対立関係にあるアメリカに直接助けを求めるわけにはいかず、カナダの仲介によって食料の供給を受けることになりました。

アメリカは、交換条件として、「１ヵ月間の北爆を認めろ。その後、和平交渉に入る」と中国に言ってきました。中国はアメリカの条件を飲み、１９６５年、自分たちが支援していた北ベトナムが爆撃されました。その８年後、石油ショックが起きたのです。

この経験から、私は、日本国内でのビジネスは、まぎれもなく世界経済の流れの中にあることを実感しました。マスコミの報道を鵜呑みにせず、水面下で起きていることを想像し、多面的に物事を見ていないと、世界で実際に何が起きているかを客観的にとらえることはできません。

堤未果氏は、『日本が売られる』（＊17）の中で、日本の農業に迫るグローバル企業の恐ろしい論理と食品安全の危機について克明にレポートしています。マスコミが報道しない重要な法律の廃止や施行も紹介されています。

グローバル企業の戦略が、私たちが口にする農作物や乳製品に、枯葉剤並みの威力の農薬を混入させる事態を招いています。それを知らず、農業の「国際化」を無抵抗に受け入れるのは、文理のバランスのとれた物の見方が私たちに不足しているからではないでしょうか。

近年は、大学教育にリベラルアーツを取り戻すべきだ、という意見もあり、大学教育での文理融合を期待する声も聞かれるようになってきました（＊18）。

危険な流行——唯物論

私の書棚に、表紙のとれかかった一冊の古い本があります。

黒田寛一《かんいち》著『ヘーゲルとマルクス』（＊19）という本です。タイトルとなった二人のドイツの哲学者の名前は、皆さんも聞いたことがあるでしょう（注1）。

黒田寛一氏は医学を志しながら、病気のために断念し、マルクス主義を探求し続け、のちに、戦後新左翼運動の指導者として通称「クロカン」の名で有名になりました。

マルクス主義とは、資本主義社会の不平等や労働者の苦しみを克服するためには、財産を社会全体で管理する社会主義社会へと移行し、最終的には共産主義へと変わることが必然であるとする考え方です。

マルクスが書いた『資本論』は、貴重な古典のひとつとして、現在の資本主義の限界を知るために、いまも無視できないといわれています。

クロカン以前、日本のマルクス主義は「中核派」と呼ばれ、クロカンは、「革新的なマルクス主義」を主張して、「中核派」に対し「革マル派」というグループを組織して指導者となりました。

『ヘーゲルとマルクス』は、黒田氏の処女作で、たいへんな労作です。彼がよりどころとしたのが、当時としては先鋭的な哲学者・梯《かけはし》明秀《あきひで》氏と、素粒子論で有名な物理学者・武谷《たけたに》三男《みつお》氏でした。

黒田氏は、宇宙や自然の森羅万象は物質が現象化したものであるとし、「意識」は脳という物質の産物であると考えました。これは、マルクスが完成させた唯物論（注2）における彼の基本的な立場でした。

黒田氏の主張は、17世紀から18世紀に活躍した哲学者デカルト、カント、スピノザ、ヘーゲルの系譜を汲み、その上に、19世紀から20世紀のフォイエルバッハ、マルクス、エンゲルス、レーニンを体系的にとらえようとしたものでした。

『ヘーゲルとマルクス』では、当時の日本の有名な学者の見解をまな板に乗せて、次々と批判しています。20歳を少し超えたばかりの若者が、このような研究を重ねるとは、稀《まれ》にみる秀才といってよいでしょう。

けれども、このクロカンの主張に私は納得できませんでした。

「革マル派」と「中核派」は、同じマルクス主義でありながら、マルクス主義者とマルクス批判派の対立よりもさらに激しく対立していました。時には、お互いに棍棒《こんぼう》でなぐり合うなど、きわめて暴力的でした。

理屈を言う割に、マルクス主義の人たちの人間観は、きわめて皮相《ひそう》で、自分の所属する文化圏を中心に据え、全人類に対しての考察にも欠けているように思われました。

そして、彼が考えたように、資本家の蓄えた富と労働者の貧困との格差が開いた結果、革命が起きて資本主義が崩壊するといった展開にはなりませんでした。

西欧の思想に盲目的に追従《ついじゅう》する傾向は、当時だけでなく、現代にも根強く残っています。むしろ日本は、西洋文明を絶対視するあまりに、日本独自の文化や価値観を軽んじて、さまざまな選択を誤ったのではなかったでしょうか。

同じものを見ても、西洋と東洋では注目する対象が全く異なることは、比較文化の視点から明らかにされています（＊20）。また、兵法として知られる『孫子』のフランス語訳と日本語訳とでは、内容の一部がかなりちがいます（＊21）。

それは、置かれた環境や条件、時代や文化的な背景が異なるためです。

誰かの意見に対して、「右」や「左」とレッテルを貼る前に、常に複数の考え方にふれて比較検討しながら自分の考えを深めることが大切です。

人間とは何であるのか、という問いを繰り返していた私は、唯物論に限界を感じ、もっと根本から哲学や科学をはじめとする幅広い分野の本を読むようになりました。

その中で、仏教関連の本を読み、仏教の深さにどんどん惹かれていきました。そして、仏教の論理性や科学に通じる明晰さも徐々にわかってきました。

（注１）　ゲオルク・ヴィルヘルム・フリードリヒ・ヘーゲル（１７７０〜１８３１年）は観念や精神が社会を動かすとした「観念論」を主張し、ある命題の正しさを「正反合」のプロセス

で証明する弁証法を確立した。カール・マルクス（１８１８〜１８８３年）はヘーゲルに影響を受けながら、のちにその観念論を批判して、唯物論で独自の思想体系を打ち立てた。

（注２）唯物論　物質的なものが社会の諸現象を説明しうるというマルクスの主張。マルクスは、「歴史の推進力は精神的なものではなく、物質的条件の総和である」という哲学者フォイエルバッハに共鳴し、人間の社会も自然と同じように客観的な法則によって移行すると考える「史的唯物論」を打ち出した。

第3章

般若心経のデュアル
――「縁起」と「空」の関係

私たちが暮らす「縁起」の次元では、「自分」は「五蘊」によって形づくられる個々別々の存在です。

一方、「空」の次元では「五蘊」がないため、そこにある「自分」は、すべてとひとつながりです。

「自分」とは、「縁起」の次元にいる「自分」と「空」の次元にもいる「自分」のどちらでもある二重存在です。

あらゆる物事には、「縁起」（現象）と「空」（本質）の二つの面があると知ることによって、「苦」は自然に解消されていきます。

１　科学者の視点と般若心経

コンピュータと「でき太くん」

１９８０年代に、私はパソコンと出会いました。教育工学を研究していたので、ついに念願のティーチングマシンが現実のものとなるかに思われました。

当時は、ＣＡＩ（computer-assisted instruction、コンピュータ利用学習）がブームになり、コンピュータ会社や出版社が教材開発に着手した頃でした。私たちも、ある展示会に出展するために、ごく簡単な算数の学習プログラムを開発していました。

しかし、パソコンのＣＰＵ（中央演算処理装置）が当時の８ビットからさらに高いレベルになっても、実用に耐えるティーチングマシンとしてはまだ未熟でした。

私たちは、「電子ページめくり機」をつくってもしかたがないという結論に達しました。

ティーチングマシンに期待したのは、それが「６・３・３制」という戦後の教育体制の中で、一人ひとりの学習者が自由に学習を進めることができ、学校の水準を超えて飛躍的にレベルを向上させるツールになると思ったためです。

個別学習とは、本来、一人ひとりが自分の事情や自分のペースで学ぶことができるものです。たとえ人より時間がかかっても、学ぶことをあきらめる必要はありません。

第2章でお話ししたように、昔は、小学校しか出ていなくても、こつこつ努力して、大学の先生になった例がありました。それを知っている私にとって、「戦後教育」が狭く画一的なものにした「学習」を、より柔軟なものにすることは大きなテーマでした。

以後、私たちは、もともと手作りしていたペーパー教材を、さらにブラッシュアップすることにしました。算数の学習内容を分類し、学習段階をレベル分けし、その関連をシステム化しました。

開発した学習材(注)には、スモールステップのプログラム学習やリピート学習の手法に加え、「具体と抽象」、「特殊と普遍」というコンセプトを盛り込みました。

理解が早く、「できる」子は、小学4年生でも中学のハイレベルの学習ができ、ゆっくりと理解する子は、自分のペースで苦手な項目の学習ができる、個別学習のシステムをつくったのです。

「でき太くん」

小さい子どもが計算スピードを上げようとして字が汚くなることのないように、色鉛筆で線をなぞって運筆《うんぴつ》の練習をするところから始め、手で書くことによる脳への刺激も大事にしました。

「でき太くん」という卵型のロボットのキャラクターも誕生しました。キャッチフレーズは、「できる、できる、きっとできる」。もちろん、学習するときや行きづまったときに唱える大切な「呪《じゅ》」として考案したものです。

（注）　学習材　私たちのペーパー教材は、教える側が学校のカリキュラムに基づいてつくる教材ではなく、学ぶ人の立場に立って学習を進めるツールという意味で、「学習材」と呼んだ。1980年代後半には、小学1年生の算数から高校初級レベルの数学まで4千シートあまりのB4判のペーパー教材を整備し、学年に関係なく学べるようにした。

「無相」——素粒子からも色受想行識からも離れる

阪神淡路大震災のちょうど10年前の１９８５年に、私が般若心経について教えを受けた巽《たつみ》直道《じきどう》氏が亡くなりました。

その前後から、私の般若心経の探求の中で、「無明《むみょう》」と「空《くう》」が大きな位置を占めるようになっていました。

これは、氏の見解では明らかにされていませんでしたが、直観的に、般若心経の重要なキーワードだと私にはわかっていたのです。

ちょうどその頃、出会ったのが、沢辺悟明・沢辺恭一両氏（注１）による『仏陀《ぶっだ》が説かれた真理』（＊１）でした。

思わず膝を打ったのは、「空《くう》」の解釈です。そこには、「**現象面から離れて観察したところの真実」が「空《くう》」である**と書かれていました（注２）。

解脱して仏陀《ぶっだ》になることは、「空《くう》」という真実を知ることです。それには、すべての「現象の状態」からいったん離れた「**無相**《むそう》」という状態になる必要があります。そして、現象を存在させているもの（＝「法」）の側から現象の実態をとらえるのです。

沢辺氏は『法句経《ほっくきょう》』の記述に従って、「無相《むそう》」の意味を、「現代でいう原子・素粒子や仏陀《ぶっだ》が説かれた五陰《ごおん》（引用者注・五蘊《ごうん》と同じ）という構成要素も現象とみて、**一切の現象の状態や現象のさまざまな変化から離れる」こと**だと説明します（前掲書202ページ）。

現象とは、目で見る、耳で聞く、など、五感でとらえる物事です。それらは、仏教的にいうと、「無為《むい》」の世界ではなく、「有為《うい》」の世界の「諸行《しょぎょう》」にほかなりません。

そして、そのように知覚できる現象の背景には、それを生み出して存在させている根源的な働きや力があります。仏教では、現象を存在させている働きは、「法」（原語は「ダルマ」で「たもつもの」）の意）と呼ばれています。

沢辺氏は同じページで、般若心経の「是諸法空相《ぜしょほうくうそう》」から「無苦集滅道《むくしゅうめつどう》」までの記述を、次のように解説しています。少し専門的ですが、そのまま引用します。

「諸存在をたもつもの（サルヴァ・ダルマーハ＝諸法）には、空《くう》という特性（シューヌヤター・ラクシャナー）があるが、そこには生滅《しょうめつ》・垢浄《くじょう》・増減という（現象の状態や現象変化という現象面からみた）ものはない。よって空《くう》の中《うち》には、五陰《ごおん》・六根《ろっこん》・六境《ろっきょう》（六根の対象となる色声味触法《しきしょうみそくほう》）・十二因縁《じゅうにいんねん》・四諦《したい》はない」。

六根とは、視覚・聴覚・嗅覚・味覚・触覚という人間の五感に意識を加えたものです。

五陰《ごおん》（＝五蘊《ごうん》）は、「色《しき》・受《じゅ》・想《そう》・行《ぎょう》・識《しき》」を指します。

つまりここでのべているのは、「諸法《しょほう》は無相《むそう》・空《くう》である。空《くう》の真実は無相《むそう》の状態ですべてを存在させている『法』から観察思考される。それは、『自分』を形づくる五蘊《ごうん》や十二因縁《じゅうにいんねん》などのように現象面から観察思考した真実とは観点が異なる」ということです。したがって、般若心経のこの部分が、「一切法空《いっさいほうくう》」と「諸法無我《しょほうむが》」についてのべた箇所です。

大まかにいうと、私たちが暮らす「有為《うい》」の世界には、諸縁の相互作用である「縁起《えんぎ》」の法則が働いており、「縁起《えんぎ》」の具体的な内容は、五蘊《ごうん》という「縁」です。そしてその五蘊《ごうん》は、「無為《むい》」の世界にあたる「空《くう》」の中には存在しない、というのです。

つまり、「空《くう》」では「縁起《えんぎ》」の法則は働かず、五感も意識もその知覚対象もない――つまり、**「空《くう》」には現象的なものがない**といえるのです。

例えば、私たちの目に映る個々別々の現象に対して、個々別々の特性を与える「色《しき》」という縁を考えると、**「色《しき》」は、「縁起《えんぎ》」の次元には「ある」のに、「空《くう》」の次元には「な**

い」ということです。

よくいわれる「自分がない」、という表現は、「空《くう》」**の次元には「色《しき》で表される個性的な自分がない」**と理解すればすっきりします。

私たちが日常的に「自分」だと思っている肉体や心は、「縁起《えんぎ》」の法則が支配する有《う》為《い》の世界には、たしかに存在します。それが「ない」とは、やはり言えません。

しかし、**存在のしかたが異なる**と考えれば、**個別の現象がない「空《くう》」の次元には「縁《えん》起《ぎ》」の次元のような姿の「自分」は存在しない**、それとともに、**そこでの「自分」は、すべてとひとつながりの大きな「自分」として存在する**という理解が成り立ちます。

「縁起《えんぎ》」と「空《くう》」の関係をこのようにとらえて初めて、直道氏の講義ですっきりしなかったことが明らかになりました。

（注1）沢辺悟明・沢辺恭一氏は親子であり、恭一氏は、東京大学で自然科学を学んだとされる。

（注2）ここでいう観察とは、悟りを得るための徳目である八正道（はっしょうどう）のひとつ、正念（しょうねん）による観察を指す。「正念」により、「顛倒（てんどう）」という、ひっくり返ったような物の考え方を避けることができる。

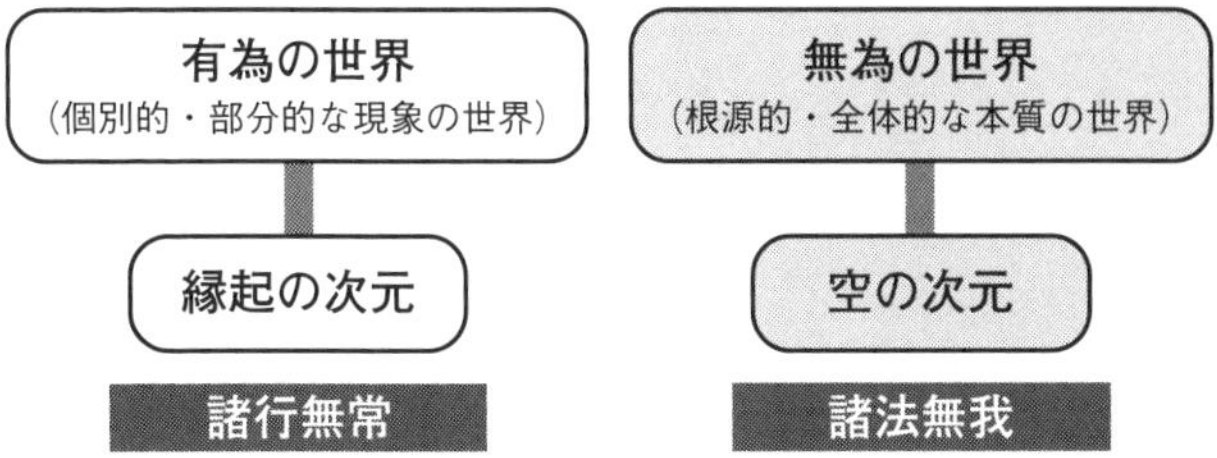

二つの世界の特徴

「空」という本質、「縁起」という現象

重要なのは、私たちが暮らす「縁起《えんぎ》」の世界と、「空《くう》」の世界とでは、ものやことの存在のしかたが異なるという点です。

有為《うい》と無為《むい》という二通りの仏教の世界を考えると、有為《うい》の世界は「縁起《えんぎ》」という現象の次元にあり、無為《むい》の世界は「空《くう》」という本質の次元にあります。

「空《くう》」の世界では、あなたも私も、犬も猫も木も石も、すべてのものが分かちがたくひとつにつながり、ともに大きな「一」を構成しています。これを、「**自他非分離**《じたひぶんり》」といいます。これが、美しい合唱や創造的な発明を生み出す特別な意識の状態であり、仏教でいう「諸法無我《しょほうむが》」です。

他方、「縁起《えんぎ》」の世界では、それぞれが個性的に独立して存在しています。ここでは自他の区別があり、すべては

「諸行無常《しょぎょうむじょう》」です。

私たちは、本来、「空《くう》」という本質の次元に存在しています。そして、同時にその一部が、メディアとして「縁起《えんぎ》」という現象の次元に現れているのだと考えられます。

個々別々の自分も、自分以外のすべてのものとひとつながりに存在する自分も、どちらもあなたであり、私であることは疑いようがありません。

すべてのものやことは、同時に、こうした二重《デュアル》の存在の形をとっているのだと思います。

「縁起《えんぎ》」の自分は、「空《くう》」の自分の一部が小さな窓からのぞいているようなものです。

図で表すのはむずかしいですが、「二重存在」の考え方を取り入れると、般若心経にのべられていることは、大変すっきりと説明できます。

あらゆる現象は、「縁起《えんぎ》」の次元と「空《くう》」の次元とにデュアルに存在し、だからこそ、すべての物事に「縁起《えんぎ》」（現象）と「空《くう》」（本質）の二つの面があるのです。

どんな現象も、大河の泡のように、「縁起《えんぎ》」という次元に現れた「空《くう》」のメディアにすぎません。ですから、起きてきたことそのものに必要以上にとらわれることで、本質

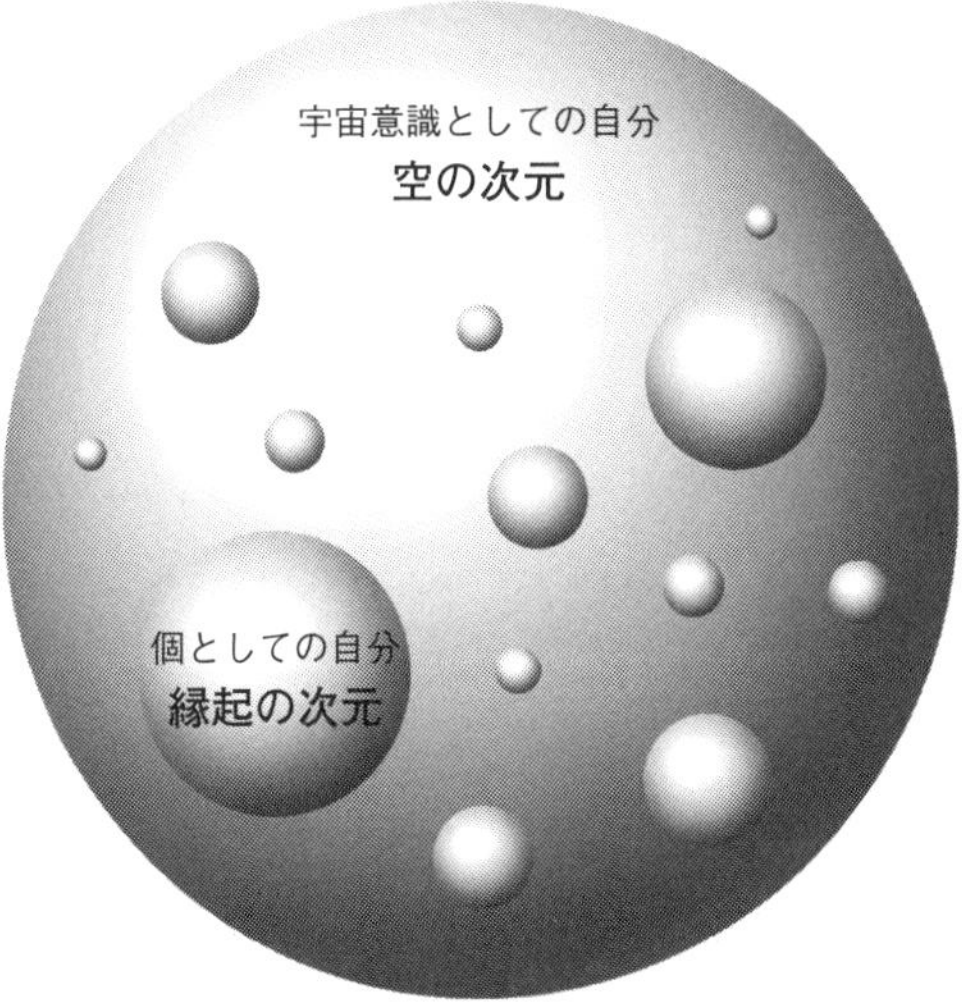

空の次元と縁起の次元にデュアルに存在する「自分」

を見失ってはいけないのです。

　重要なのは、**メディアを通して本質の世界から送られているメッセージは**何かということです。

「縁起《えんぎ》」と「空《くう》」のデュアルな関係に気づけば、現象の背後に、あるいは現象の中に、本質を見ようとする意識が生まれます。

　意識がそのように変わると、難病や深刻な問題として出現している目の前の現象は、ガラリと一変し、解決に向かいます。リアルワールドにはたくさんの事例があります。

　私自身、いろいろな方の事例や、

自分のさまざまな体験を通して、そのような意識の変容の大切さを実感しています。

『あなたがはじまる般若心経　ｖｅｒ．１』では、「般若波羅蜜多《はんにゃはらみった》」をひたすら口業《くごう》の形で実践して問題を解決した例を紹介しました。

本章では、意業《いごう》によって意識が転換した例をお話することとし、その前に、別の科学者による般若心経論をご紹介しましょう。

科学者・岩根和郎の般若心経論

結局私は、沢辺悟明氏・恭一氏の『仏陀《ぶっだ》が説かれた真理』以外に、これまで読んできたほとんどの般若心経の解説に納得することができませんでした。

私が読んだ３００冊以上の般若心経の解説書は、多くの読者に人気を博しているものほど、お経の原文とあまり関係のない講話に終始する傾向がありました。

著者の仏教一般に関する見解をのべるのはよいのですが、それが般若心経の記述の中にない場合、読んだ人は、それが般若心経の教えだと思ってしまいます。

数々の有名人が、「空《くう》」について自説をのべた文章も読みましたが、有名人ならば、その内容と影響には、もう少し責任をもつべきでしょう。

そんな中で、他にない意欲的な解説書が、『改訂版 暗号は解読された 般若心経』（＊2）です。

著者の岩根和郎《いわねわろう》氏は、物理学を修めた技術者ならではの表現と論理を駆使して、原文に即してお経の忠実な解釈を試みています。私は、以前から同氏の著作を興味深く読んでおり、般若心経についての著作があると知って驚きました。

岩根氏は、**宇宙は時間軸を超越した「多層次元構造」である**とし、「空《くう》」を《宇宙の根源》《宇宙の理念》《超実体》などと表現しています。

物理学を修めた人は、こういった抽象的な構造をイメージすることが得意です。

例えば、物理学の概念に「非因果的領域《ひいんがてきりょういき》」というものがあります。時間が実数、空間が虚数であるため、このような領域が生まれるということです。

虚数は量子力学と切り離すことができません。そして、量子力学は、人間の意識を説明する科学として期待されています。

岩根氏は、**宇宙に多元的なプラットフォーム（層）がある**と考え、私たちが「縁起《えんぎ》」

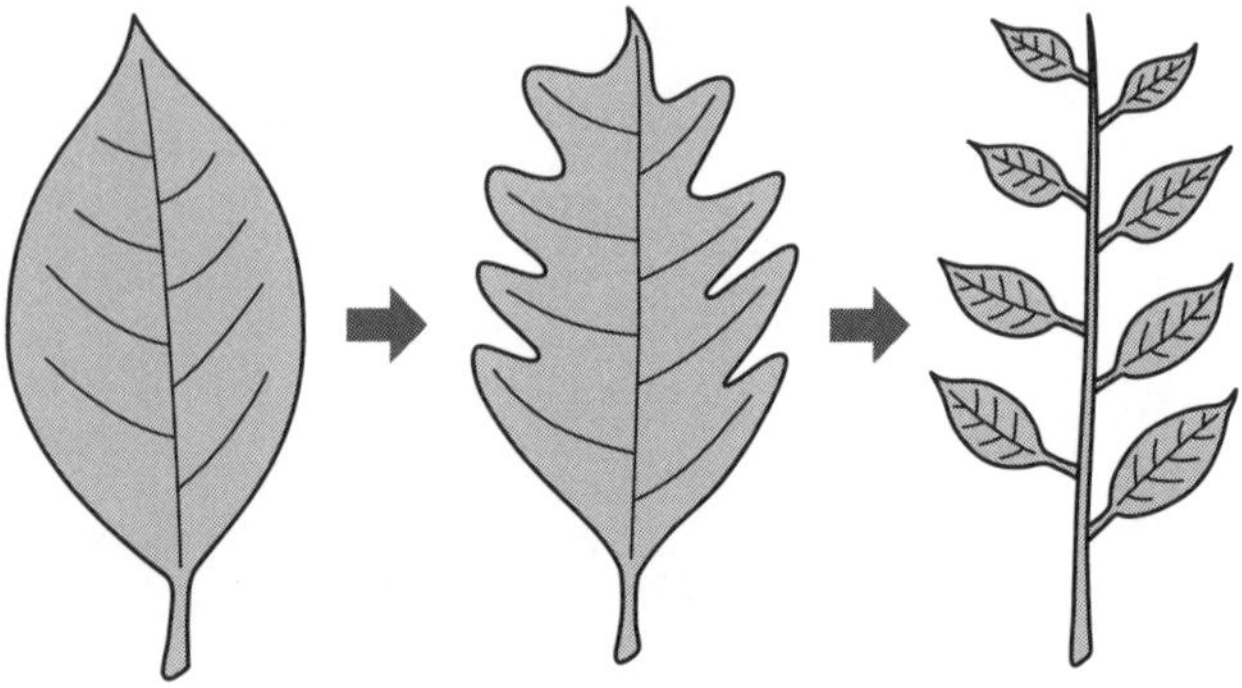

フラクタルの例

の世界で五感によって認識しているさまざまな現象は、「最下層のプラットフォーム」にあり、最下層・中層・上層のプラットフォームはフラクタルな関係にあるとします。

「フラクタル（自己相似）」とは、一枚の葉っぱを一本の木と見比べたときのように、同じパターン（相似形）になっていることです。自然界には、個と全体の関係がいくつも積み重なった階層構造があるのです。

今日の科学が指摘している、**部分の中に全体が存在し、全体が部分に反映する**可能性は、このフラクタルと関連しています。

共鳴するマントラ

岩根氏によると、「般若波羅蜜多《はんにゃはらみった》」という真言《しんごん》（マントラ）を声に出して唱える修行を行うと、マントラが、私たちの日々の生活がある最下層のプラットフォームから上層までを貫いて共鳴し、「空《くう》」という《宇宙の根源》へと到達するということです。

これは、修行を行った人が皆、体験している感覚で、そこで得られるものは心の平安と超越思考（すなわち悟り）であるとして、般若心経をひとつの人間賛歌ととらえています。

この考えには私も大いに共感します。般若心経というお経全体は、すべてと共鳴を起こす言霊《ことだま》だと言ってよいでしょう。

この体験をベースに、岩根氏は、「空＝無」という従来の解釈をはっきりと否定します。「実体がない空」を固定化させてしまったのは「学問の仏教」であり、「『学問の仏教は仏教そのものではない』」、「**文献で見るほど、空虚な空は支持されていないのではないか**」とものべています。

膨大な文献に取り組む学者も、一般人も、知識にとらわれすぎることが往々にしてあります。知識をもつことは大切ですが、それが意識の成熟につながっているか、また、「仏教学」が実際に衆生《しゅじょう》を苦厄《くやく》から救済できているかは、大いに問われるべきです。

清水博の〈いのち〉と「場」の哲学

岩根氏が、「諸法《しょほう》は空相《くうそう》」「諸法《しょほう》は生命活動の場」と表現しているのを読み、忘れてはならない研究をここに紹介します。

それは、長年、「場」をテーマとして科学的、哲学的に考察を重ね、独自の「場の理論」を打ち立てた清水博先生（東京大学薬学部名誉教授、場の研究所所長）の研究です。

清水先生は、もともと、バイオホロニクス（生命関係学）を研究していました。

生命というシステムでは、システムを構成するさまざまな要素が協力して動的《ダイナミック》な秩序を形成しています。その一方で、今度はその秩序から各要素へのフィードバックがあり、秩序をつくるための協力を促します。

生命活動は、そうした相互作用を次々と繰り返す中で自然と秩序を保っています。

清水理論の鍵となるコンセプトは、「**自己は二重構造をもつ**」という考え方です。

有名な「卵モデル」では、自己には、自己中心的で個性的な卵の「黄身」と、場所的な「白身」の二つの領域があることを指摘しています。

卵を2、3個、器に割り入れてみると、黄身は別々のまま、白身はひとつに融合します。この白身の存在のしかたを、自己中心的な黄身に対して、場所的と表現します。

例えば、サッカーの試合中、個々の選手の動きはバラバラですが、その動きは、「ゴールにボールを入れる」という目的を自然に共有し、全体に調和と秩序があります。

一人ひとりの選手は、チーム全体に融《と》けこんで一体となり、「自他非分離《じたひぶんり》」的に行動しています。このとき、それぞれの選手は必ず異なる個性をもつ黄身であり、同時に、黄身を包む全体の「場」としての白身でもあります。

これが**二重存在**としての〈いのち〉の姿です。そして、サッカー場にはもちろん、声援によってプレイに大きな力を与える観客がいて、これらすべてがひとつになっています。

この〈いのち〉の居場所に「場」が生まれるのです。

おもしろいのは、個々の選手が、チーム全体の少し先の未来に向かって、一致団結して動いていることです。これは、私たちが手足に傷をつくったときの修復過程と似ています。個々の細胞は別々ですが、「傷が治る」という未来のためにどうすればよいかという「場」全体の情報をもって、協調して活《はたら》いています（注）。

つまり、「場」の未来は、具体的には目に見えない白身という暗在系で共有され、サッカー選手や細胞の活《はたら》きによって〈いのち〉の自己組織化が行われているのです。

それぞれの個性的な行動が全体の秩序を生み出すことは、舞台上で即興劇を演じる役者にも通じます。即興劇では考えるひまもなく、その場その場の状況を瞬時に判断して動作や台詞を繰り出すしかありません。このようなリアルタイムな活《はたら》きがシナリオをどんどんつくって、ドラマが続いていきます。

そのとき、個々の役者は、それぞれに卵の黄身の活《はたら》きと、全体という卵の白身の活《はたら》きを担い、観客と共に居場所を舞台に〈いのち〉のドラマを創っていきます。

〈いのち〉のドラマは、「生きていく」という〈いのち〉の能動的な活《はたら》きが、居場所の〈いのち〉と絶え間なくやりとりすることによって、続いていきます。

個々の〈いのち〉が存在する居場所にも〈いのち〉があるという考え方は、家庭や会社を考えれば、すぐにわかることです。毎日仕事をする会社という居場所が、厳しいノ

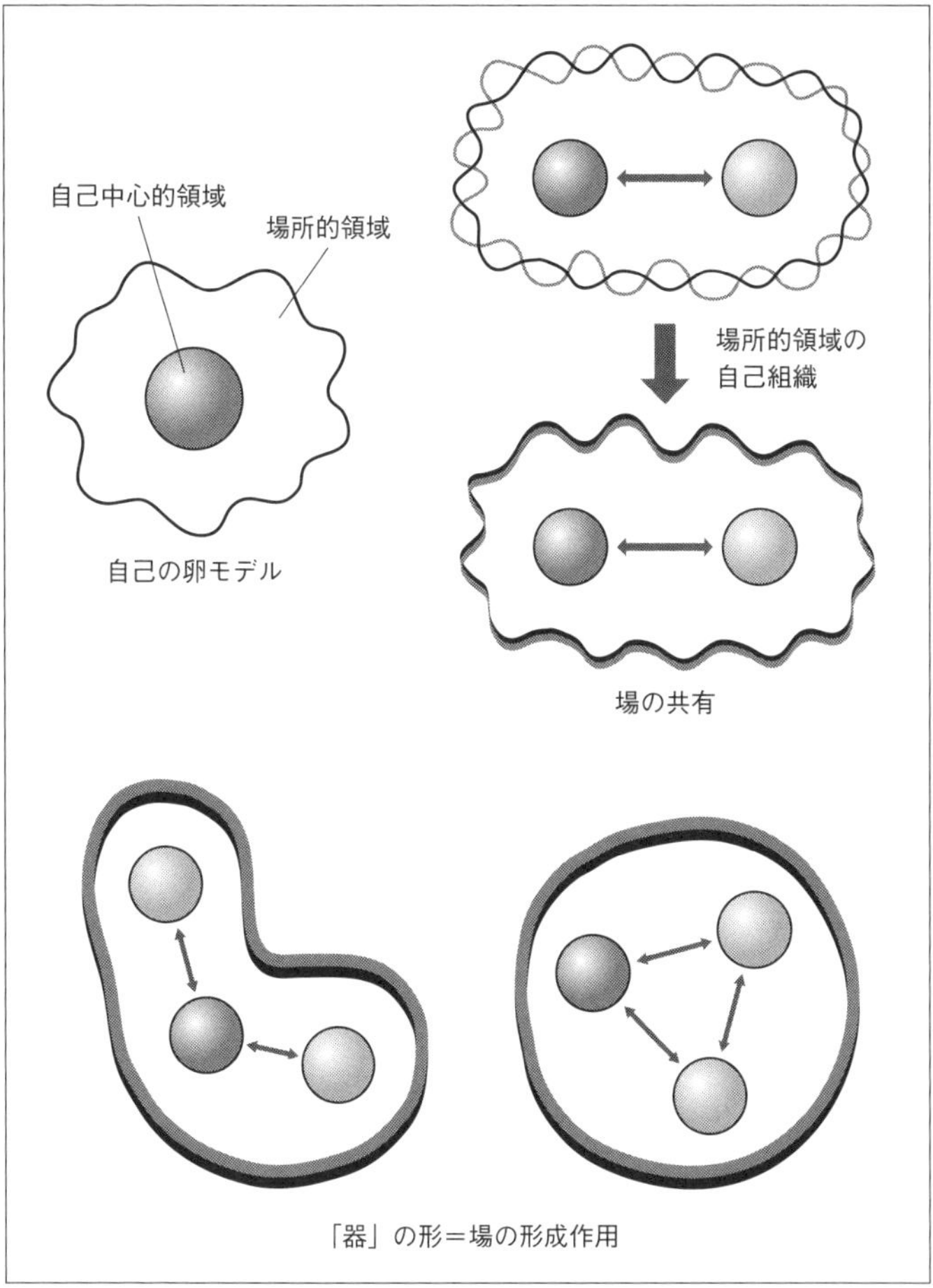

〈いのち〉の卵モデル

（文献＊3　P223より引用）

卵の黄身は「役者」という生き物の〈いのち〉、白身はドラマの「舞台」としての活きをする。白身という場所的領域で〈いのち〉の自己組織化が起きて場が共有される。器の形が居場所の形を決めていき、どのような形の器のどこへ位置づけられるかによって、生きものの〈いのち〉の活きが決まる。

ルマや規則で社員を縛り、重苦しい雰囲気のとき、居場所の〈いのち〉は生き生きとしたものにはなっておらず、そこで働く個々の〈いのち〉も元気が出ず、心身に悪い影響を受ける場合も少なくありません。場は、居場所の〈いのち〉の状態に相等します。

私たちが、自分の〈いのち〉を生き生きとしたものにするには、居場所の〈いのち〉も同時に活性化している必要があります。そこで、清水先生は、「与贈《よぞう》」という行為に注目しました。

「与贈《よぞう》」とは、「**直接的な見返りを期待することなく、自分たちが生活していく居場所に与え贈っていくこと**」です（＊4）。

例えば、花を飾ったりお茶を入れたり、といった小さなことでも、自分が何かの行為を家庭や会社などの居場所に注ぐと、居場所に備わった〈いのち〉は豊かになります。すると今度は、私たちの〈いのち〉が居場所から力をもらって、元気になっていきます。

オーケストラや合唱団でも、個人と居場所との間で絶え間なく〈いのち〉のやりとりが行われています。

（注）場の研究所では、活（はたら）きは能動的であるが意志をもたない「はたらき」のこととし、意志をもつ「働き」と区別している。

居場所と共創

多様な個性（黄身）が共存し、個性的に自分を表現すると、それが居場所の状態（白身）を通じて他の黄身に伝わります。このとき、自分の〈いのち〉は鍵となって、鍵穴である居場所の〈いのち〉と互いを寄り添わせながら、一体化していきます（注１）。

居場所に対してみんなが「与贈《よぞう》」を行うと、居場所から「与贈力《よぞうりょく》」（一緒に前向きに生きていく力）をもらいます。そこに、共に創造する「共創《きょうそう》」が起きてくるのです。

このしくみに気づいている企業は、社員を大切にし、生き生きと働ける居場所をつくることによって、「共創《きょうそう》」を生み出し、業績も順調に伸ばしています（＊5、＊6）。

この動きを拡大し、地球全体が未来も存在し続けていくためには、いまのような「新幹線の論理」に基づいた経済活動では無理があります。

「自分は地球（自然）自身であり、かつ地球（自然）を調和的に構成している多様な独立

した個の一つである」という「二重存在」の視点から経済を見なければなりません（＊7）。

ここには、本来、宇宙・自然の一部である人間が、それを忘れて自己中心主義の理屈で自然を支配できると考えてきた近代文明、科学への批判があるといえます。

これからの時代に向けては、新幹線経済の市場を通さずに、「ローカル線の論理」で生活を共創していくことが大切になってきます。

清水理論では、例えば生産者（事業者）と消費者（利用者）とが一緒になって模索しながら、一種の生活共創組合として「共創ローカルステーション」を各地域につくり、それを全国的に「共創ローカル線」へと発展させていくことも提案されています（＊8）。

かつて大阪で正道塾（注2）が開催した「場のアカデミー」で、清水先生は、文明の転換期と虫の一生の話をされました。

虫が、幼虫からさなぎ、成虫へと変化するとき、幼虫と成虫の間の転換期は、さなぎです。そこでは、幼虫の時代の原理は役に立ちません。幼虫が成虫へと変貌するためには、新たなさなぎの原理が必要となります。

私たちがいま、文明の転換期で求められているのは、現代の資本主義の価値観を超えたさなぎの原理を追求していくことです。

場の思想は、人工知能やロボット、コミュニケーションの研究者、建築家などの強い関心を集めるとともに、東洋的な発想にヒントを求める欧米の科学者からも注目されています。

清水理論は、般若心経に直接ふれたものではありませんが、私が、「空《くう》」と「縁起《えんぎ》」の関係を整理するヒントをいただいた学説でもあるため、紹介しました。

（注１）　場の研究所では、これを「相互誘導合致（そうごゆうどうがっち）」と呼んでいる。

（注２）　故・佐々木正氏（シャープ元副社長）が一般人向けに主催していた私塾

2　ありえない事件にどう向き合うか

まじめなN君、盗難に遭う

世間の大多数の常識として、「盗みをするな」といわれます。仏教にも、盗みを禁じる「不偸盗戒《ふちゅうとうかい》」という戒律《かいりつ》があります。

「盗みとは、どういうことか」「なぜ、盗んではいけないのか」、さらに、「盗みは、なぜなくならないのか」という問いに、あなたは十分に納得のいく回答ができますか？

私たちは「盗み」について、人間としての生き方や文明の維持の観点から考えてみたことがあるでしょうか。

私が、地方で小さな学習塾をしていた時の話です。

N君は、頭もよく品行方正。非の打ちどころのないまじめな中学生でした。

彼の志は高く、地元の高校へ進学せずに、都会の有名大学への進学率の高い高校を猛勉強して受験し、合格しました。そして彼は親もとを離れ、高校に併設された寄宿舎に入り、熱心に勉強を続けました。

ところが、ひたすらまじめで希望に燃えていたN君が、こともあろうに、ある日、寄宿舎で盗難事件に遭遇したのです。

N君は、盗難に遭ったことを寄宿舎の舎監の先生にすぐに届け、この問題について何らかの処理をしてもらえるものと考えていました。

「君はぼんやりしている」

ところが、舎監の先生は、彼の気持ちを思いやるどころか、期待に反して、「君がぼんやりしているから、そういうことになるのだ。これからよく気をつけるように」と言っただけでした。

あろうことか、盗難という事件の原因がN君の不注意だったと、問題をすりかえてしまったのです。

しかし、事は決して単にN君個人の問題ではないはずです。

本来ならば、このような事件をきっかけに、寄宿舎の管理システムが見直され、生徒の心がまえについて、教育的対応があってしかるべきです。

一人ひとりの心を傷つけることなく、前向きに処理すれば、全体の雰囲気もよくなり、それが学習にもよい影響を与えることになります。

そうなれば、生徒を預ける家族も安心ですし、そのような対応のできる寄宿舎があることで、学校の評判もさらに高まることになったでしょう。

それを思うと、この舎監の先生の対応は、あまりにも残念なものでした。

このような対応をされたことで、親もとを遠く離れて、不便を我慢して勉強してきたN君は、心の中に、それまでの寂しさに加えて、改めて不安と不満がつのってきました。そしてその気持ちがどんどん大きくなって、次第にN君を支配するようになってきました。

この学校は、進学校でもあります。生徒は各自が目標をかかげ、その実現に向けて偏差値アップを目指して、人を追い抜く努力と競争に明け暮れる毎日です。

雰囲気としては厳しいものがある中で、N君も、強い姿勢を求められていました。

彼の心の中では、寂しさや不満を解消するために、「やられたらやり返すまでだ」といういわば悪魔のささやきとでもいうべきものが、日増しに大きくなっていきました。

Ｎ君、仕返しをする

そしてある日、新たな事件が起こりました。

Ｎ君自身が、他の人の部屋にひそかに忍び入り、ついに、盗みを働いてしまったのです。しかもそのとき彼は、何か仕返しができたような気持ちすらもったのです。

ところが、皮肉なものです。自分が盗難に遭った時には、犯人はみつからなかったというのに、Ｎ君の盗みは、運悪く、他の生徒にみつかってしまったのです。

彼の行動は、寄宿舎にいる生徒みんなにとがめられただけでなく、学校でも問題となり、職員会議で処分が決まりました。Ｎ君は停学を命ぜられ、その間、反省文を書くよう指示されました。その後の復学は、反省文の出来しだいで決定するという通告も受けました。

学校から突然、Ｎ君についてこのような通知を受け取った家族の驚きは、尋常ではありませんでした。そして大きな不安に襲われました。復学できない場合、転校することも考えなければなりません。困り切ったご家族は、私を訪ねて来られました。

問題を「チャンス」として受けとめる

相談を受けた私は、こんなことでN君の将来をつぶしてはいけないと思いました。

まず、N君を救うために大切なことはご家族の態度です。わが子が考えもしなかった盗みを働いたことに対して、もちろん大きなショックを受けておられるのですが、大切なことは、家族が、この問題を不安や心配で受けとめないようにすることです。

なぜなら、不安と心配に支配された頭で考える解決策は、問題をさらに悪化させ、ほとんどの場合、問題の解決を不可能にするからです。

この時、さらに大切なことは、「常識を超える」ことです。

それは、どういうことでしょうか。

N君が「盗み」をしてしまったという問題を、本人にとっても、ご家族にとっても、ひとつの「チャンス」として受けとめることです。もっと言えば、問題が発生したことによって、それをN君がよみがえるチャンスをもらったと考えるのです。

問題を「よみがえりのチャンス」にするには、**その問題を「よいことが起きた」と前向きに受けとめる意識をもつ**ことです。『あなたがはじまる般若心経 ver. 1』で紹介した3人の方も、このようにして問題を解決しました。

ふつうの常識では、これがなかなかできません。家族のみんながふつうに考えれば、起きたことは、よくないことでしかないでしょう。

けれども、「苦厄《くやく》」としての問題は「無明《むみょう》」の眠りの中で起きたことです。ならば、その問題を「眠りからみんなを目覚めさせるために起きた事件」と受けとめるのです。

世間一般の常識は、「無明《むみょう》」の眠りの中のものにすぎないのです。

「無明」の常識を超える

問題に遭遇したとき、いま一番大切なことは、「無明《むみょう》」の常識を超えて、「よいことが起きた」と感謝し、問題を前向きに受けとめていくことです。

私は、N君とご家族を支え、彼が自分の力でしっかりと反省文を書けるようになるために協力することを約束しました。

その方法として、私がN君と話をし、その内容が建設的なものになるようにして、さらに、家に帰ってからN君が繰り返し聴いて自分で考えることができるように、その対話をテープに録音することを提案しました。

そうすればN君は、自分の考えを深め、自分の言葉で何を書けばよいかわかってくるはずです。

問題というものは、もともと、解決を求めるからこそ問題という形をとって現れてくるものだと私は思います。そうでなければ、この世に、これほどまでに多種多様な問題があるはずがありません。

こうしてN君は、私のところを訪れました。しょんぼりとして暗い顔つきで、おどおどしたN君と、私は次のような対話を始めました。

3　対話を通して変わっていく

盗みは悪いことか？

私「君は、盗みは悪いことだと思っていますか？」

N君「はい。盗みは悪いことです」

私「ではなぜ、盗みは悪いことだと思うのですか？」

N君「人に迷惑をかけるからです」

私「なるほど。では、もし、人に迷惑をかけない盗みがあるとすれば、それでも盗みは悪いのでしょうか？」

こう問われて、N君は、ぐっと答えにつまります。

私「江戸時代に、『鼠《ねずみ》小《こ》僧《ぞう》次《じ》郎《ろ》吉《きち》』という泥棒がいました。次郎吉は、泥棒だったけど、『義《ぎ》賊《ぞく》』といって、庶民にとても人気がありました。なぜかというと、彼は、大金持ちから盗んだお金を、貧乏に苦しむ庶民にこっそり恵んで助けていたのです。時代劇で見たことがあるかもしれないね」

N君「その話なら、知っています」

私「もし、現代にも鼠小僧次郎吉のような義賊がいたとしよう。彼は、１００億円の資産をもっている大金持ちから１００万円を盗みます。そのお金を、借金を背負って明日にも一家心中をしなければならないほど追いこまれた家族のところへこっそりもっていきます。その家族は、泥棒が届けてくれた１００万円のおかげで、心中《しんじゅう》をせずにすみ、なんとか人生を立て直すことができたとします。

その義賊が盗んだ１００万円は、１００億円の資産家にとっては、それほど大きな被害ではなかったかもしれません。むしろ、少し客観的に見れば、その１００万円のお金は、一方の人のポケットから別な人のポケットに移動しただけのことで、そのお金は社会的にも損失とはならなかったことになります。

それでも、その義賊の盗みは、悪いことだと思いますか？」

私がこう話すと、N君はまたも答えにつまってしまいました。

ここに挙げたたとえ話は、法律上の問題とはちがい、盗みの本質に迫るものですから、答えが出ないのも無理はありません。

そこで私は、話を切り替えました。

盗みとは何だろう？

私「N君、そもそも盗みとは、いったいどういうことを指すのだと思いますか？　ここにAさんという人がいて、10万円もっているとしましょう。そのAさんが、厚意から10万円をBさんにプレゼントするとします。すると、Bさんは、Aさんから10万円を盗んだことになるでしょうか？」

N君「いいえ。Bさんは、Aさんから厚意で10万円をもらったので、盗みにはならないと思います」

私「それでは、もし、Bさんがこの10万円を、Aさんにまったく無断で自分のものにしたとします。すると、BさんはAさんから10万円を盗んだことになりますか？」

N君「はい。それは、BさんがAさんから10万円を盗んだことになるといえると思います」

私「そうすると、盗みが起きる条件とは何なのでしょう。
ひとつは、誰かがもっているもので、その人が『自分のもの』だと思っているものを、別の誰かが勝手に『自分のもの』にすると、それが盗みになると言ってよいのでしょうか?」
N君「はい。そう言ってよいと思います」
私「もし、Aさんが、そのお金をはじめからBさんにあげようと思っていたとしても、Bさんが無断で自分のものにしたとすれば、盗みになるでしょうか」
N君「それでも、盗みになると思います」
私「ほかにも盗みになる場合はありますか?」
N君「例えば、社会主義社会の中でも、『社会全体のもの』と決まっているものを、ある特定の個人が勝手に『自分のもの』にする時も、盗みになると思います」
私「すると、資本主義制度であろうが、社会主義制度であろうが、『誰かのもの』と決まっているもの、つまり、ある特定の個人や集団のものだと認められているものを、別の個人や別の集団が無断で手に入れるとすると、それは盗みになると言ってよいですか？」

N君「ええ。そうだと思います」

からだの中の水は自分のものか？

私「するとここでは、誰かが、何かを『自分のもの』と主張することが前提になります。ところで、N君、君にとって『自分』とは何でしょう？」

こう私が言うと、N君はまたしても困った顔になりました。

「自分とは何か」と改めて問われると、ふだん何げなく「自分」という言葉を使っているくせに、案外、答えられないものです。

結局、N君は、自身のからだを指さして、この「からだ」も、この「からだ」に働く「心」も、全部まとめて「自分」だと言いました。

その答えを聞いて私は、こう言いました。

私「そうですか、N君。それが君の『自分』だとすると、その『自分』のからだの中にあるものは、すべて君自身ものだと言ってよいのですね？」

N君「はい。そう思います」
私「君の答えは、昔、小学生の男の子にした質問の答えと同じです。それでは聞きますが、N君、人間のからだの80%は水でできていますよね。君のからだの中の水も、すべて君のものと言ってよいのですね？」
N君「はい。水は、僕のからだの中にあるのですから、僕のものだと思います」
私「私は、その時、さらにこう聞いたのです。『ところで、君は、おしっこをするだろ？おしっこは、君のからだから出ていくよね。すると、そのおしっこは、どこからどこまでが君なの？』と。もちろん、運動したときにかく汗でもいいけれど、どちらも、もともとは君が『自分』だと思っているからだの中の水分の一部です。からだの中の一部だった水は、からだの外に出ると、蒸発して世界を駆けめぐることになりませんか？」
N君、はたと、考え込んでしまいました。私はさらに、話を続けます。

水は、からだを出たり入ったりする

私「汗をかくと、のどがかわきますよね。水道の蛇口をひねって水を出してコップに入れて飲みます。そのとき君は、君の一部を飲むと思いますか？」

N君「いえ、……ふつうは、そうは思いません」

私「うん、そうでしょうね。でも、水道から出てきた水は、君に飲まれた瞬間に君の一部になるわけでしょう？　水にしてみれば、もともと世界を駆けめぐっていたわけですから、君の一部になるかどうかなんて、関係ないと思っているかもしれませんね。だって水は、勝手にN君のからだから出たり入ったりするんですからね。何が言いたいかというと、水や空気に限らず、食べ物もみな、自然の中に存在するいろいろなものは、君の体内に入り、君のからだをつくり、育て、そして出て行くものです。そう考えると、君は本来、自然の一部と言ってもいいのではないかな？」

N君は、うなずきながらこれを聞いて、静かに言いました。

「そうですね。そんなふうに考えたことはありませんでしたが、ほんとうにそのとおりですね」

私「それでは、君は、言ってみれば、『自然』によって育てられているようなものですね。からだだって自然の一部であるにすぎないのに、これが『自分』だと言い張って、からだの中のものもみな、君のものだと言うことができるだろうか。

私たちは、『自分』という言葉を、あまり深い考えもなしに、よく使いますね。けれども、『自分』という言葉は、**ほんとうは、『自然全体の一部分』だから『自分』**と言うのではないかな。そのような自然の部分的な現象としての『自分』が、本来の全体的な自然を『自分のもの』というときには、自然を私物化する『盗み』をしているのではないでしょうか」

このあたりで、N君の表情が少し変わり始め、姿勢が少し前のめりになってきました。

人間は自然と共に存在している

私「つまり、『自分』とは、ほんとうは、『自然』の中にいて、『自然』と共に存在しているのです。『共存在』(注)という言葉を使う人もいるくらいです。

だから、私たちは自然からいろいろなものを与えられ、それをまた自然にお返しする。その中で私たちは生きています。人間とは、そういう存在ではありませんか？」

N君「人間は、自然と共に存在している……。そうすると、人間のもの、というのは、ないのですか？」

私「これは経済学の話になりますが、昔、社会主義思想がつくられた頃、マルクス主義者と呼ばれる人たちがいました。マルクスの熱心な信奉者です。

社会主義は、資本主義に対する批判から生まれました。というのは、マルクス主義の人たちは、『自分』の労働力でつくりだした商品の価値を、資本家階級が搾取《さくしゅ》しているといって、資本主義を認めたがらないのです。

けれど、彼らだって、『自分』の労働力、『自分』のつくったものという所有の考え方を前提として抗議しているにすぎません。労働者は、資本家階級に盗まれたと思っているかもしれませんが、彼らだって『自分』というものの本質を理解せず、知らず知らず盗みを働くことがあるとも言えるのではないでしょうか」

N君「『自分』……僕もよく考えずに使ってきました。結局人間は、利己的なエゴイストなんでしょうか？」

私「もともと人間は、『自分』の自由な意志でこの世に生まれてきたわけではありません。そのくせ、人間として生まれた『自分』の存在根拠や存在意義など、あまり考えてはいません。

そのために、私たちが『自分』という言葉を使うときは、いつのまにかエゴイズムに陥りやすいのです。

『自由、平等、友愛』という有名な政治的なスローガンでさえ、現実には、『自由』と『平等』の対立を生み出しています。

その証拠に、『自由』は資本主義の立場に利用され、『平等』は社会主義に利用されているんです。

かつて帝政ロシアで社会主義革命を起こした人たちは、現実にはアメリカの国際金融資本の立場に立つ人の援助を受けて、革命を起こしました。**目に見える現実の裏で、まったく正反対のことが、こんなふうに目に見えない形で進められています。**これは、いま現在もいろいろなところで起きていることです。

地球上では、資本主義制度を採用した国が先進国となり、それに対して、経済の発達が遅れていた後進国が社会主義制度を採用してきました。

これによって、資本主義と社会主義が対立し、国際金融資本をあやつる人たちが、地球全体を支配する状況が生まれたともいえます。

このように、『自由』と『平等』は、現実には対立しているのです。

一見耳に心地よい言葉というのも、深く考えると、むずかしいものなんですよ」

（注）共存在　かつて哲学者のハイデガーは、「人間は孤立した『主観』や『意識』ではなく、本質的に他者とともにある存在である」と主張した。現代では、〈いのち〉の科学者・清水博が、自己の「自己中心的な領域」を局在的、「場所的な領域」を遍在的とする量子力学的把握により、自己の「居場所」を共に創造する「共存在の場」であると定義している。

盗みは「怨憎会苦」のひとつ

私「いま、地球温暖化などの環境問題が深刻になっています。石炭や石油のような化石燃料が原因ともいわれますが、どちらも、もともと地球の自然の中にあったものです。

それを人間がいつの間にか勝手に取り出して、しかも、世の中の組織・団体や国どうしが奪い合って争ってきました。
これは、盗んだものを、『俺のものだ』と言って、『自分』の権利を主張しているようなものだと思いませんか？」

N君「人間が地球から石油や石炭を盗んだから、そのせいで地球がおかしくなってしまったのかな」

私「エネルギー資源は、いまの文明の基盤となっている重要な問題です。けれども、このエネルギー資源を奪い合って争う一方で、私たちの住む環境は、破壊され汚染され続けています。

人間が望まない人や状況に遭遇することを、仏教では、『怨憎会苦《おんぞうえく》』といいます。怨み、憎むようなものと出会い、苦しむという意味ですが、現代の環境破壊や環境汚染も、まさに『自分』のエゴに気づかないゆえに生まれた『怨憎会苦』のひとつの例です」

N君「そうすると、盗みは、その『怨憎会苦』と関係があるのでしょうか？」

私「そう、いいところに気がついたね。よりよい生活をしたいと願う人間の活動が、人間の生活の基盤である自然や地球そのものを破壊しているのは、皮肉なものですね。

人間の活動が、人間を生かしてきた基盤である自然を壊して、人間という存在を滅亡させてしまうとしたら、それは自己矛盾としか言いようがありません」

N君「身もふたもない話ですね」

私「どうですか、N君？　はじめ、『盗みはなぜ悪いか』と私が質問したら、君は、『人に迷惑をかけるから悪い』と答えました。そこから、話は思いがけず、地球のことにまで広がってきました。これほど深刻な地球上の迷惑のことまで考えて、みんなは『盗みは悪い』と言っていると思いますか？」

こう尋ねると、N君は、首を横に振りました。最初の暗い顔つきとは打って変わって、表情がしだいに輝いてきたのがわかりました。対話を楽しんでいる様子です。

ふたたび、盗みとは何だろう？

私「もう一度聞きますが、N君、君は盗難に遭い、さらに自分も盗みを働いてしまいました。それをいろんな人から批判されて、つらい思いをしたと思うけれど、いま、君を批判した人たちのことを恨んでいますか？」

N君「いえ、そんなことはありません。僕が盗みに遭い、僕自身が盗みをしたことで、先生とこんな話ができたのは、僕にとっていいことだったと思います。というか、こういう経験をしなければ、こんなことを考える機会もなかったと思うと、かえって有難いようにも思います」

私「そうですか。それならよかった。どんな経験も無駄にはならないと、身をもって知ることができましたね。誰でも気づかないうちに何かの過ち《あやまち》をおかすことは、よくあることです」

善人が天国に行けず、悪人が天国に行く

私「ところで、仏教に浄土真宗《じょうどしんしゅう》という宗派があります。親鸞聖人《しんらんしょうにん》という人が始めたのですが、聞いたことはありますか？」

N君「学校で習ったような気がします」

私「親鸞聖人のお弟子さんに唯円《ゆいえん》という人がいました。その人が、師の言葉を書きとめた『歎異抄《たんにしょう》』という有名な本があります。この中で有名なのが、悪人正機説《あくにんしょうきせつ》です。

『善人なほもて往生とぐ、いわんや悪人をや』というのですが、これは、あまりにも逆説的に聞こえるので、とても混乱するのです」

N君「『善人なほもて』ですか……どういう意味ですか？」

私「普通に考えれば、善人といわれる人は、死んだら極楽《ごくらく》に往生《おうじょう》すると思うでしょう？

何しろ善人なんですから、天国に行って当然です。

ところが、この悪人正機説では、まったく逆のことを言っているのです。悪人は、悪いことをしているので、自分が死んだら確実に地獄行きだと自覚しています。罪の意識を強くもっているためです。

けれども、慈悲《じひ》深い阿弥陀仏《あみだぶつ》は、それだけ深い罪の意識をもっている悪人こそ、極楽往生させてあげようと思うのです。

それに対して、善人は、自分は悪いことをしていない、正しい人間だと思いこんでいて、先ほど話したような盗みをしていても気がつかないのです。自覚がないか、偽善的な面をもっている人たちですね。

そんな善人面《づら》をした偽善者でさえ極楽往生できるというのに、罪を深く自覚している悪人が極楽往生させてもらえるのは、むしろ当然のことではないか、と言っているのです。

人は、他人の悪い行いのことは、たやすく批判しますが、自分の罪深さを自覚している人は、意外に少ないのです」

N君は、びっくりしたような顔をしていましたが、感心したように何度もうなずいていました。

N君は反省文を書き、復学する

私とN君の対話は、このようにして続きました。

最初の約束どおり、N君は、この対話をテープに録音して、家に帰ってから何度も聴き直し、自分の身に起こったことの意味を考えました。

自分が犯してしまった盗みという罪のこと、また、知って犯す罪と、知らずに犯す罪とではどちらが重いかなど、私との対話の内容を彼なりに咀嚼《そしゃく》して自分の言葉で反省文をしたため、学校に提出しました。

N君の反省文を見て、校長先生は驚きました。むしろN君ほど深く考えていなかった自分たちのほうが恥ずかしいとまで言われたそうです。反省文の内容はほかの先生方や同級生にも知らされました。

誰もが、N君がこのたびの事件について、そこまで深くしっかりと自分の考えを表したことに胸を打たれ、彼の復学は認められました。

この事件をきっかけに、N君には内側から湧《わ》き出るようなやる気が生まれ、猛勉強して某国立大学の医学部に合格し、現在は、医師として立派に活動しているとのことです。

「意業」で転換された意識

N君の身に起きた事件は、まことに思いがけないものでした。わが子が盗みを働くなどということは、親にしてみれば、信じられないようなことであったでしょう。

しかし、もしもこのとき、絶望的な気持ちになって、すぐにどこか別の学校に転校していたとしたら、どうなったでしょうか。N君も、彼のご家族も、一度きりの過《あやま》ちを一生背負って、暗い人生を送っていたかもしれません。

この話は、私たちが常識の中で思いはかる「無明《むみょう》」の考えを超えた解決例です。常識を超えたことで、自分たちが直面した問題を、「よいことが起きた」ととらえ、ひとつの「よみがえりのチャンス」に変えることができたのです。

N君は、むしろ、この事件を通して、以前より成長することができました。

ここでひとつ補足しておかなければなりません。

N君は、私が別の相談者に提案したような具体的な「呪《じゅ》」を唱える「口業《くごう》」を実践しませんでした。般若心経の中にのべられている「般若波羅密多《はんにゃはらみった》」という「呪《じゅ》」を活用しなかったのです。にもかかわらず、問題の解決を見たのはなぜでしょう。

ここでのポイントは、「対話」です。

私は、それまでの経験から、問題が苦厄《くやく》という形をとって現れた時に、「必ず、般若心経の『般若波羅密多《はんにゃはらみった》』という智慧《ちえ》を生かすことができる」と考えていました。それが私の意識状態だったのです。

私とN君は、時間をかけて、人間存在について、さまざまなことを話し合いました。

対話とは、言葉を使って互いの間に意識を行き来させることです。

私との対話に触発されて、N君の意識の状態は確実に変化しました。

つまり、N君は、知らず知らずのうちに「意業《いごう》」という精神活動を行っていたのです。

その結果、それまでには考えていなかったさまざまなことに気づくことができるようになり、目に見えて変わったといえます。

4　宇宙意識から現象を見る

量子真空——すべてが結びついた「場」

近年、量子力学の発達により、古典物理学の時代には説明できなかったさまざまなことが、解明されるようになってきました。

量子とは、光や電子のように、粒子であると同時に波でもある二重存在です。量子の世界では、ニュートン力学や電磁気学は通用せず、量子力学という法則が適用されます。

例えば、イギリスの物理学者ジョン・スチュアート・ベルは、１９６４年、「**互いに大きく隔たったシステムの間でも瞬間的な変化が起こる**」というベルの定理を発表しました。

いったん結びついた二つの粒子は、宇宙の果てまで引き離されても、片方に変化が生じると、他方も**瞬間的に**変化するというのです。

この考え方が、量子の世界に、限られた場所だけに存在する「局在」ではなく、「非局在（ノンローカル）」という概念をもちこみました。

リン・マクタガートの『フィールド　響き合う生命・意識・宇宙』[＊9]は、量子力学を用いて、従来の科学がオカルトとして避けてきた「見えない世界」を科学的に説明しようとする試みです。物理学から医学、脳科学などを含む50人以上の科学者の研究を丹念につなぎ合わせてひとつの世界を示し、欧米でベストセラーとなりました。

同書では、量子真空[注]を、**宇宙の根源に存在する無限のエネルギー源**であるととらえています。

「人間をはじめとするあらゆる生き物は、他のあらゆる存在と結びついたエネルギー・

フィールド（場）の中のエネルギーの生命体である。脈打つこのエネルギー・フィールドこそ、徹頭徹尾、私たちのからだと意識、そして中心的源《みなもと》なのだ。

宇宙と結びついた私たちのからだには、もはや『自己』とか『非自己』の区別は存在せず、その根底には、ひとつのエネルギー・フィールドだけが存在する」

自己も非自己もない自他非分離《じたひぶんり》の世界では、南米にいる小さな蝶のささやかなはばたきが、テキサスでハリケーンを起こす可能性も否定できません。

量子真空には、クリーンな無料《フリー》のエネルギーが、無尽蔵に存在すると考えられています。これを私たちの生活に活用できれば、現代社会の大きなテーマのひとつであるエネルギー問題の解決につながります。

一説によると、実際に運用可能なフリーエネルギーとゼロ・ポイント・エネルギー装置は存在するともいいます。

（注）量子真空　「場の量子論」による量子化された真空のことで、何もないはずの真空中でエネルギーのゆらぎが生じた結果、物質の生成・消滅が起こる超高密度のエネルギーに満たされた場。ゼロ・ポイント・フィールド（ゼロ点エネルギー場）と同義とされる。

量子力学と光の湧き出し現象

しかし、このような研究は評価がむずかしく、好意的な反応ばかりではありません。

総じて、人間の反応は次の4通りです。

①自分の目で見たものは信じる、②見ても信じない、③見なければ信じない、④見なくても信じる

③の見なければ信じないというのは、子どもによく見られる態度です。

大人は、②の見ても信じない人や、そもそも見ようともしない人が多いようです。

私たちが昔取り組んだ念写の実験に対しても、そんな人たちからの批判がたくさんありました。

物理学者の宮内《みやうち》力《つとむ》氏は、あるとき、3枚重ねたフィルムの3枚目だけに像を写し出すことに成功しました。通常の光学現象では起こるはずのないことです。

ふつうに考えると、映像が写るためには、光が当たっていることが前提です。

しかし、念写実験では、外部から光が入ることを厳格に遮断しています。にもかかわらず映像が写し出される、これをどう考えるべきでしょうか。

	仮定（A）	結論（B）
命題	光が当たっていれば	写っている

仮定（A）	結論（B）	
光が当たっていなければ	写っていない	裏

命題が真のとき「光が当たっている」ことは「写っている」ことの十分条件

逆	写っているならば	光が当たっている

写っていなければ	光は当たっていない	対偶

命題と逆がいずれも「真」のとき、「光が当たっている」ことは「写っている」ことの必要十分条件、かつ「写っている」ことは「光が当たっている」ことの必要十分条件

ある事象が正しいか正しくないかは、通常、命題という論理的な文を使って、前提（仮定）から結論を導き出し、客観的に判断します。

「AならばBである」という命題が正しいとき、「命題は真である」と言います（正しくないとき、「命題は偽である」と言います）。

写真の場合、「光が当たっている（A）ならば写っている（B）」という命題は真です。

一方、命題に対して、「AでないならばBではない」を「裏」といいますが、「犬ならば動物である」が真のとき、「犬でないならば動物ではない」という「裏」は、偽です。なぜならば、犬でないものには猫もウサギもおり、この文は成立しないからです。

これを「命題の真偽と裏の真偽は一致しない」とい

います。命題が正しくても「裏」が必ずしも正しいわけではないということです。

念写の実験に対し、ある大学教授は、「光が当たっていないならば写っていない」という命題の「裏」を持ち出して、念写を否定しました。これは、そもそも命題と真偽の一致しない「裏」を真としていることから、論理的に筋が通っていません。しかも、像が写し出されたという事実をまず否定してかかっている点も客観的ではありませんでした。

念写は、外部からの光が入ってこない状況で感光現象が起こっています。つまり、仮定Aが「光が当たっていない」と否定され、結論Bは「写る」と肯定されています。

ここで私たちは、命題の「逆」である「写っているならば、光が当たっている」が成立しているのではないか、と考えました。

宮内氏は、「3枚目のフィルムに現れた像は、『実』の世界ではなく、『虚』の世界から光が湧き出たものではないか」という仮説を立て、それを実験で確認し、報告しました（＊10）。

もし、何らかの方法で逆が真であると証明されれば、AとBは互いに必要十分条件となり、念写という物理現象は正しいと判断されます（注）。

現在は、虚数を含む複素数を用いた量子力学によって、光の湧き出し現象が説明される可能性も出てきました（＊11）。

（注）命題「ＡならばＢである」と、逆「ＢならばＡである」がいずれも真のとき、ＡとＢは互いに必要十分条件となり、同値（完全な一致）となるため、論理的に正しいといえる。

物理学者・保江邦夫が認める地球外生命

従来の科学を信奉する人が、認めようとしないものの代表に、ＵＦＯがあります。

近年、米軍機とＵＦＯが遭遇したとして、２０１７年、ニューヨークタイムズに、公式に映像が掲載され、米国国防総省のＵＦＯプロジェクトの元責任者が、地球外生命体が地球に到達していることを動画で語っています（＊12）。

日本でも、物理学者の保江邦夫先生が、ロシアのある村でＵＦＯを製作していることを紹介しています。保江先生によると、後述の『ＵＦＯテクノロジー隠蔽工作』の内容は、ＵＦＯ技術の現状を正確に描写しているとのことです。

１９６０年代、ニューヨーク・タイムズ社の科学ジャーナリスト、ウォルター・サリヴァンは、オズマ計画がアメリカで開始されると、世界各国で取材をして地道に情報収集しました。

各国の古い文献や哲学・思想・宗教に至るまで調べ上げ、１９６４年に『われわれは孤独ではない』（＊13）を著《あらわ》し、国際ノンフィクション賞を受賞しました。

同書は、地球以外の惑星にも生命があり、私たち人間のような知的生命体が存在すると結論づける内容です。

その中で興味深いのは、いくつかの聖典の記述です。

モルモン教の黙示録に、神がモーゼに向かって、「わたしがつくった世界は数えきれない。……ひとつの地球がほろびようと、天空には他の地球が生まれている」とのべるくだりがあるそうです。

また、仏典には、「五百千万世界に地の原子があるとされたい。ある男がいて、塵《ちり》のようなこの原子のひとつをとり、東方の五百千万世界に行き、その原子を置くとされたい」などの記述があります。

これは、お釈迦様が、「ガンジス河の砂の数より八倍も多い数えきれないほどの世界からあつまったボディサトバス（菩薩のこと）」を前にして語られたものとされています。なぜ、聖典に他の天体を暗示するような記述があるのかは不明ですが、この広い宇宙の中で、地球にしか生命が存在しないというのも、不自然に思えます。

カナダの天体物理学者アルステア・キャメロンは、「銀河系宇宙の中だけでも、われわれのよりもっとすぐれた社会が数百万もある」ことを認めていたそうです（＊13）。

地球外の生命体と実際に遭遇したことがある人にとっては、こうしたことは何の不思議もないことかもしれません。

折り畳まれた宇宙

アメリカで救急医として活動していたスティーヴン・グリア博士は、公然の秘密であったＵＦＯについて、重要な事実を隠しておこうとする巨大な勢力があることを明らかにしました。

そうした組織は、ＵＦＯについて虚偽の情報を故意に流し、宇宙人による誘拐があるかのような好ましくない事件を起こしたりしていました。

１９９０年、グリア博士は「地球外知性体研究センター」を設立し、ＵＦＯに関する情報を公開するディスクロージャー・プロジェクトをスタートさせました。

彼は、チェロキー族の出身で、少年期からＵＦＯ体験やＥＴ体験がありました。『ＵＦＯテクノロジー隠蔽工作』(＊14)には、数々の驚くべきエピソードが語られています。17歳のとき、彼は足の怪我から感染し、敗血症になって臨死状態になりましたが、それによって高次の意識状態を経験しました。そのとき、宇宙意識が、たしかに存在することがわかりました。

意識が再び肉体へと統合されたとき、膨《ふく》れ上がった足はひとりでに治り、医者にもかからず、病気から回復しました。

この経験から彼は、「無限の永遠性が意識の本質であり、私たち誰にも内在する真我《しんが》である」「連続した完璧な継ぎ目のない、意識ある生命が宇宙にあり、私たちはみなその一部である」と考え、これを「宇宙が私たちの中に折り畳まれている」と表現しました。

これは、**人間という「縁起《えんぎ》」の世界の存在に、「空《くう》」が含まれていることを示しているように**、私には思われます。

そういえば、人間の細胞の核の中には、二重らせん構造のＤＮＡが折り畳まれて入っています。そこには、すべての生命活動をコントロールする膨大な情報が暗号のように記されています。これも、小さな物質が、より大きな生命体を映し出す例でしょう。

あるいは、広大無辺な宇宙意識がやわらかい球体のお菓子の生地だとして、私たちそれぞれの個別の意識は、その生地を無数の小さな型で抜いて、別々のお菓子につくり上げたものに似ています。肉体をもった人間は、同じひとつの宇宙意識を個々に表現する表現媒体（メディア）なのです。

グリア博士はまた、同書で、フリーエネルギー（文字どおり無料で得られるエネルギー）の問題にもふれています。もし、量子真空にあると考えられているフリーエネルギーの研究が実を結べば、世界の経済は確実に様変わりします。

フリーエネルギーの原理は、交流送電システムを発明したニコラ・テスラが明らかにしましたが、本書には、ヴェルナー・フォン・ブラウンがテスラの研究データを集めて、米国に持ちこんだことも書かれています。テスラの研究は、清家新一氏（44ページ参照）の研究と関連があったらしく、なぜフォン・ブラウン博士が清家理論を高く評価していたか、同書を読んでわかりました。

しかし、この豊かな宝ともいえるエネルギーを秘匿《ひとく》して独占し、悪用してきたシャドウ・ガヴァメントが存在し、グリア博士は、彼らから執拗な攻撃を受け続けました。

彼らは、人間の意識に影響を与え、行動や決意に影響を及ぼす電子武器システム（注）によって、グリア博士自身と彼の活動の大切なパートナーを幾度となく攻撃しました。

博士はそのたびに、超越瞑想（81ページ参照）を行って意識の状態を超越状態に移行し、切り抜けてきました。

自分という個我に向けられた攻撃から身を守るためには、個我を超越することがきわめて有効でした。

彼は、「**新しい地球文明への転換は意識の力によってなされる**」とし、既存の科学の変質も予言しています。

その転換は、量子力学の相転移に似ているとのべています。

「ヘリウムの入っている容器を絶対零度に冷却すると、液体ヘリウムは沸騰し、激しく動揺する。分子のいくつかが整列しはじめても、混沌と無秩序は増大する。容器中の分子の約一パーセント——九九パーセントではなく約一パーセント——が整列した時点において、場全体、すべての分子が可干渉状態になる。超流動と呼ばれる通りの状態である。

そのときヘリウムは魔術的特性を帯び、それまでとは異なる行動をとり、分子の場全体がひとつに凝集する。驚嘆すべきその凝集状態に達する直前が、最も混沌としており、最も荒れ狂った状態である。

私たちはいま、人類史上におけるその相転移の時期にいる」

（注）　電子精神感応や電子心霊研究は、以前から軍事関係で研究が進められてきた。

第4章

メディアとしての般若心経

人生の難題に苦しむとき、私たちは、宗教に助けを求めることがあります。

ただし宗教は、私たちのエゴイズムと深くかかわっており、時にはテロさえも生み出すものです。

宗教も科学も、この世のあらゆる物事は、メディアにすぎません。

目に見える現象にとらわれず、その背景に存在する本質の世界に気づくことが、問題の解決につながっていきます。

1　神と悪魔

仏教は現世利益を否定しない

前章では、般若心経の「呪《じゅ》」の口業《くごう》ではなく、意業《いごう》によって問題を解決し、大きく成長したN君の例を見ました。

苦厄《くやく》が解消されたという意味では、いわゆる「ご利益《りやく》」があったことになります。『法華経《ほけきょう》』の嘱累品《ぞくるいぼん》には、「示教利喜《じきょうりき》」についてのべられています。「示教利喜《じきょうりき》」とは、教えを示して衆生《しゅじょう》（一般大衆）に現世利益《げんぜりやく》を得る喜びを体験させることです。

多くの仏典が現世利益についてのべているのは、「無明《むみょう》」の存在である私たちに、現世利益を得る喜びを体験させることで、私たちが「菩提心《ぼだいしん》」（悟りを求める心）を起こすことを期待しているためと考えられます。

私たちが仏教に救いを求め、般若心経を唱えるのは、まず第一に、自分を悩ませる苦《く》厄《やく》を解消するためです。病に苦しむ人も貧しさと闘う人も、自分が直面している現実の苦しみから解放されたいと願うのは当然です。

ただし、自分のかかえている問題がどのような形で解決を見るかは、「無明《むみょう》」の私たちの分別では知ることはできません。結末が必ずしも望みどおりになるとは限らないのです。

私が「問題は解決を求めて現れる」と申し上げるのは、単に目の前の困りごとが解消されるという現世利益だけではなく、**問題という現象が、その奥にあるもっと大切な問題に意識を向けてくれる**ためです。

現象的な問題をきっかけとして、その人が「自分とは何か」を問い、人生や生き方に対する認識を深め、よりいっそう成長できることに意味があるのです。

問題は、「縁起《えんぎ》」の次元の世界で起きています。しかし、ほんとうの自分は、「縁起《えんぎ》」の意識を通して「空《くう》」という無為の世界につながっています。これに気づくことができれば、問題は必ず解決されていきます。

エゴイズムの種、現世利益

「現世利益」とは、私たちが生活する「縁起《えんぎ》」の世界で、縁に依存した満足や喜びを得ることです。

例えば、難病が治ることや、家庭内や職場での問題の解決、金銭的な安定や社会的な地位の向上などは、すべて問題が「現世利益」の形で解決された例です。

しかし、いつも物事が自分の利益になることだけを考えて神仏に願うという姿勢では、根本的に「苦」から解放されることはありません。

資産形成は大切なことですが、世界がかつてない変革のダイナミズムに揺れている現代には、お金より、**いつ、何が起きても、それを受容しうる覚悟や生き方をもつ**ことのほうが、より重要な危機管理となるのではないでしょうか。

「現世利益」には、三つの問題点があります。

問題点の第一は、願望を実現させるためには、どんな手段でもかまわないとする考え方が生まれやすいことです。

例えば、ある宗教に頼って病気が治るとします。教団Aの教えでがんが治った人は、その教えを絶対化し、教団Bや教団Cによってがんが治った人は、BやCの教えを絶対化します。

しかし、客観的に見れば、AもBもCも唯一絶対の方法とは言えず、むしろ、「治るという原理」は、人間という生命体そのものに備わっているものであろうと思います。

第二は、表面的な問題の解決が、私たちのエゴイズムを助長しやすいことです。

人間は、自分にとって都合のよい結果が得られることを期待します。そうした結果が得られると喜び、得られないと不満をもちます。すると、自分の利益になることが「よいこと」で、その逆が「悪いこと」となり、物事を判断する基準が自己中心的なものとなりやすいのです。

第三は、「現世利益」を得たことで、自分の関心が「縁」に依存して得られる満足に集中し、ますます「縁起《えんぎ》」の法則から抜け出せなくなることです。

目の前の困りごとだけでなく、「苦」を根本的に解決するには、「縁起《えんぎ》」の世界の意識状態を、「空《くう》」の次元の宇宙意識に同化させる必要があります。

それができなければ、同じ問題に繰り返し悩むしかありません。

たとえ般若心経の「呪《じゅ》」を活用して難病が治ったとしても、それは「苦」のひとつの現象形態が一時的に解消されたというだけのことです。一般的に考えられる「幸せ」も、諸行無常《しょぎょうむじょう》であり、永続的なものではありません。

しかし、私たちは、自分にもたらされた問題をきっかけとして、本質的な「苦」の解決を目指すことができます。

「問題は解決を求めて現れる」というのは、**小さな自分を通して大きい自分とひとつになる**ということなのです。

科学の装いで現れる黒魔術

宗教による現世利益のほかに、巷《ちまた》で人気の成功法の数々も、現世利益を求める人を量産しています。

書店の棚には、デール・カーネギー、ナポレオン・ヒル、ジョゼフ・マーフィーなど、居並ぶ自己啓発法の本のほかに、年収が一億円になる生き方を教える本まで並んでいます。

こうした類《たぐい》の成功法は、かなり古くからあります。

アメリカでは「クリスチャン・サイエンス」や「光明思想」（注1）にその源流があり、ヨーロッパではさらに古く、中世の秘密結社である「薔薇十字」をはじめとする神秘主義思想があります。神秘主義では、**現世利益を願うことはエゴの満足を目的とした黒魔術と**考えられていました。

一般に、成功法は、この世の現象を世俗的な意味で「幸」「不幸」に分けています。

しかし、「縁起《えんぎ》」の法則に従って生きている私たちは、「無明《むみょう》」の存在であり、自分の心すら思うようになりません。肯定的な思考をしようという自己暗示だけでは、問題の解決はむずかしいのです。

一見科学的な姿をした黒魔術のとりこになることは、悪魔《サタン》に魂を売り渡したファウスト博士と同じです。引き寄せの法則の落とし穴が、ここにあります。

マンリー・Ｐ・ホール（77ページ参照）によると、悪魔《サタン》は神のしもべであり、天使の姿で現れるとのことです（注2）。

（注1）　クリスチャン・サイエンスや光明思想　いずれも「ニューソート（New Thought）」というアメリカのキリスト教の新しい運動。クリスチャン・サイエンス（科学者キリスト教会）は、宗教家メアリー・ベーカー・エディが1879年に創始し、病気は精神的な妄想であると考え、信仰による霊的癒し（スピリチュアル・ヒーリング）を広めた。

（注2）　マンリー・P・ホール、大沼忠弘他（訳）、『象徴哲学体系〈2〉秘密の博物誌』（人文書院、1981年）の中に、『魔法科学大全』から「悪魔」を呼び出す祈りが紹介されているが、その言葉は神への祈りと酷似している。

悪魔の正体

お釈迦様やイエス・キリストを悩ませた悪魔の正体とは、いったい何なのでしょうか。

その答えは、『雑阿含経《ぞうあごんきょう》六、一四』に見ることができます。

お釈迦様は、羅陀《らだ》という弟子に、「魔とは何ですか」と尋ねられ、次のように答えておられます（＊1）。

「羅陀《らだ》よ、色《しき》は魔である。受《じゅ》は魔である。想《そう》は魔である。行《ぎょう》は魔である。また識《しき》は魔である。

羅陀よ、かくの如く観察して、わたしの教法を聞く聖弟子たちは色においてその患《わずら》いを厭《いと》い、受においてその患いを厭い……乃至《ないし》……さらにわが迷いの生涯をくり返すことあらじと証知することを得るにいたるのである」

ここに、「色・受・想・行・識」の五蘊《ごうん》（十二因縁《じゅうにいんねん》）が出てくることから、悪魔は、けっして私たち人間の外にあるものではないことがわかります。むしろ、悪魔は、人間をこの世に生かしている「縁起《えんぎ》」の法則と密接な関係があるといってよいのです。

私たちは「無明《むみょう》」の存在です。しかし、「色・受・想・行・識」という五蘊《ごうん》に支配された「縁起《えんぎ》」の自分だけが自分ではありません。「色《しき》」に代表される自分だけにとらわれていると、その中で生まれる「個我《こが》」の煩悩からは解放されません。

思い出してください。**私たちは、「縁起《えんぎ》」と「空《くう》」の二つの世界に同時に意識を広げることができる二重存在《デュアルな》です。**

それゆえ、私たちの意識が「縁起《えんぎ》」と「空《くう》」の両方の次元に同時にあることに気づけば、「個我《こが》」のエゴから自分を解き放つことができます。

そのとき、私たちに大きな苦痛を与えた人生の難問は、からまった糸がほどけるように解決されていきます。

そして、般若心経にあるように、「無明《むみょう》もなく無明《むみょう》が尽きることもない」本来の自分の生き方ができるようになると、どんな問題に遭遇しても、揺らぐことのない自分でいることができるのです。

意識の「場」はスピリチュアリズムとは別

成功法と並んで、ある時期から、「スピリチュアル」という言葉がブームになりました。

脳科学者の苫米地《とまべち》英人氏は、スピリチュアルブームに乗っている人は、たいてい魂の生まれ変わりを信じていると指摘しています（＊2）。つまり、彼らは心霊主義（スピリチュアリズム）の信奉者です。

先に紹介したとおり、霊能者の三田光一は、霊魂の存在を否定しました。

一方で、著書『霊観』（＊3）において、かつて九州の五島列島で起きた幽霊騒ぎについて紹介しています。

大正九年十二月二十五日の夜、玉之浦という村の小学校の校長であった浦健一郎氏が、イカ引きに出て、急な天候悪化に見舞われ、遭難しました。

村の人たちは、浦校長の「助けてくれー」という悲痛な叫び声を何度も耳にしながらも、悪天候と荒波のために助けることができませんでした。

それからちょうどひと月後の大正十年一月二十五日の夜、浦校長が遭難した午後九時十分になると、海の方から「近藤さーん、助けてくれー」、「島田さーん、助けてくれー」という声がはっきり聞こえてきました。

同じことが、さらにそのひと月後の二月二十五日の夜にも起こり、パニックに陥った村人は、その地を訪れたことのある三田光一に事情を知らせ、三田氏は、玉之浦へと赴《おもむ》きました。

三月二十五日の夜も、午後九時十分になると、沖合から浦校長の身を裂かれるような悲痛な叫び声が聞こえました。そこで、浦校長の記念碑を建てたところ、五月二十五日の除幕式の夜から、救いを求める声は聞こえなくなりました。

この現象を霊魂に結びつけて考える人が多いと思いますが、私はこれを、41ページでのべた「**エネルギーをもった意識の場（フォース・フィールド）**」であると考えます。

浦校長の強烈な意識の波が、湾内一帯に放射され、その土地の岩や木などにしみつき、原子のフォース・フィールドが、死に直面した浦校長の激しい意識の波によって変調され、校長の死後もそのエネルギーの場が存続したのでしょう。

村の名誉職についていた浦校長の強烈な意識が、村人全体の知覚に翻訳され、誰もが同じ声を耳にしたと感じました。それが幽霊騒動につながったのではないでしょうか。

実際、多くの人が非業《ひごう》の死を遂げた場所には、そうした強い意識の場が形成されます。硫《い》黄島《おうとう》などの戦地や樹海、処刑場跡地などの心霊スポットがそれにあたります。

霊能力者とは、そうした意識の場を感知する能力が高い人です。除霊という行為は、そうした意識の場を修めて供養《くよう》することで、いわゆる心霊現象を消失させると考えられます。

供養とお墓が必要な理由

私の家は、昔、父の故郷の福岡にお墓があったのですが、空襲で失われていました。大連から引き揚げてきてから、両親は2人とも、お墓をつくってほしいという希望があり、昭和六十一年、神戸の墓苑に、お墓を建てました。

昭和四十六年に父、昭和五十八年に母を葬《おく》ってから、３年が経過していました。

私たち日本人は、家族が亡くなったときに葬式を出し、毎年、お盆やお彼岸には亡くなった人の魂がこの世に戻ってくると考えて、お墓参りをします。これは日本の慣習として、長い間、全国で繰り返されてきたことです。

人間の死亡率は１００％であることから、葬儀業界は、安定したビジネスであると思われています。

しかし近年、社会が変質し、儀式としての葬式に意味を見出さない人が増えています。統計的にも、葬儀の数は明らかに減少しています（＊4、＊5）。

しかし、ほんとうは、人が亡くなったときに供養《くよう》する意味は、その人個人だけの弔《とむら》いではないのです。

例えば、ある家庭でおばあさんが亡くなったとします。家族は悲しみ、お別れの儀式として葬式を行い、おばあさんの魂が安らかに天国に行くようにと、お坊さんを呼んで有難いお経をあげ、供養をします。

ここでは、あくまで「おばあさん個人の魂」があることが前提になっています。天国に行ったら、いつかまたどこかで別の人に生まれ変わって、この世に戻ってくるといった輪廻転生《りんねてんしょう》が数々のお経でのべられていることもあり、自然に受け容れられています。

しかし私は、三田光一が主張するように、個人に属する霊魂は存在しないと考えています。誰かが亡くなって、必ず生まれ変わることが決まっているとしたら、人口に増減があることとの説明がつきません。また、人間が生まれ変わりを経て進歩向上していくという考え方は、オウム真理教がポアと名づけた殺人の肯定につながります。

日本には、「家系」を重んじ、それを代々受け継いでいくという文化がありますが、「縁起《えんぎ》」の世界で個性的に生きた人も、「空《くう》」という本質の世界では、「諸法無我《しょほうむが》」であって、本来、個別の魂を所有してはいないと考えられます。

般若心経の「空《くう》」は、**目に見える世界や見えている現象の裏に、目に見えない本質を感じる視点をもつ**ことを私たちに教えてくれます。

「縁起《えんぎ》」の世界で、自分がどれほど迷惑をこうむり、憎みぬいた相手であっても、それは「縁起《えんぎ》」の次元での感情の問題にすぎません。相手の本質は現象とは別だと思えることが、成熟した意識の状態です。

誰かの死に際して、そういった意識状態になることができると、供養のもつ意味がわかってきます。

お墓や仏壇は、私たちにそうした供養を行いやすくする、わかりやすいシンボルなのです。

日本人と宇宙意識

日本人は無宗教であるといわれます。ほんとうにそうでしょうか。

国語学者の大野晋《すすむ》氏は、日本人の神について、唯一絶対の神を信じる西洋やほかのアジアの文化圏とは、まったく異なることから、これを「カミ」とカタカナで表記した上で、大変興味深い洞察を示しています（*6）。

山や木などの自然を崇拝する私たちの「八百万《やおよろず》の神」が、どういうものかがよくわかります。

詳しい説明は省略しますが、そのポイントは以下の五つです。

①カミは、唯一の存在ではなく、多数存在した
②カミは具体的な姿・形を持たなかった
③カミは漂動《ひょうどう》・彷徨《ほうこう》し、時に来臨《らいりん》し、カミガカリした
④カミはそれぞれの場所や物・事柄を領有し、支配する主体であった
⑤カミは超人的な威力を持つ恐ろしい存在である

「祟《たた》り」が起こる前提には、こうした背景があります。

古事記などの神話では、カミを人間のような存在として描いていますが、日本のカミは、世界の他の宗教の唯一絶対神とは異なり、厳格な法律や契約としての戒律もありません。むしろ私たちは、カミが日本の温和な自然と密接に関連し、遍《あまね》く存在するものであることを無意識に受け容れている面があります。

このため、日本人には、「宇宙意識」という考え方を受け容れやすい土壌があるのではないかと思われます。

日本には、キリスト教、ユダヤ教、イスラム教、道教、仏教などが神道とともに融合して存在し、縄文時代から、日本人独自の意識状態があったとも考えられています（＊7）。

日本古来の神道は、ＧＨＱが棄却した国家神道とは異なる点にも注意が必要です。

死は人生の卒業式

供養とは、亡くなった人ただひとりのための祈りではなく、その人を生み出した長い〈いのち〉のつながりの歴史に対する感謝を表す儀式です。

現実には、当人の希望で自然に返すために散骨をしたり（法律では禁じられています）、個人でお墓を建てる費用が十分にないためにアパート形式のお墓を生前予約したり、現在のお墓の形態は、変化しつつあります。

それでも、ひとりの人の死は、大きな〈いのち〉のつながりを私たちに思い出させてくれます。同時に、その人を生み出した森羅万象《しんらばんしょう》の根源である「空《くう》」の世界に、その〈いのち〉を返すときが訪れたことを教えてくれます。

葬式とは、その人の〈いのち〉を送り出す人生の卒業式です。

誕生という人生の入学式におめでとうと言ったのであれば、その卒業式にもおめでとうと言うことが、お互いが人生をほんとうに大切にすることではないかと思います。

私も親には苦労させられましたが、両親がいなければ、自分はこの世に人間として生まれてきませんでした。生んでもらったことに心から感謝して、葬式を出してお墓に納め、時々お墓に参っています。

長い年月を過ごして、ようやくそういう意識状態になることができたのです。

人間というものは、結局のところ、意識がすべてです。

意識のあり方には際限がありません。それは、**意識が本来、「空《くう》」の世界から生まれている**からです。個人の魂などという狭い概念にとらわれるより、三田光一のいう「森羅万象の大気」としての「自分」に目を向け、人生のすべてを肯定して生きて、そして最期の日を迎えたいと思います。

私たちは、もともと、宇宙・自然の中で生まれ、生かされています。

いま、**目に見えている「自分」は、そのような自然のひとつの現象形態、「縁起《えんぎ》」の次元に現れたメディア**です。そこから脱して、本来の「自分」である「空《くう》」の世界に戻ることは、けっして悲しいことではないのです。

2　問題は解決を求めて現れた

人間は人間になる「生き方」をする

「人身《じんしん》受《う》くこと難《かた》し」という言葉があります。

あなたも私も、なぜ、いまここに、人間として存在しているのでしょう。

虫でも草でもなく、なぜ、人間なのか。そして、人間として生まれた私たちは、どう生きるべきなのでしょうか。

動物は、生まれてから、さまざまな学習をして、生きるための技能を身につけます。動物にとっての学習とは、ライオンがライオンらしい「生き方」ができるように、カモメがカモメらしい「生き方」ができるようになるためのものです。

共通しているのは、それぞれが与えられた生態系《せいたいけい》の中で、「えさ」を求め、「えさ」を食べることを「生き方」としていることです。

私たち人間は何のために学習するのでしょうか。

よい職業につくため、進学に成功するため、試験に合格するため、学業成績を上げるためなど、その時のその人にとって大切な目的があることでしょう。

そして人間も、動物の一種である以上、与えられた生態系の中で、いわゆる「メシ」を食って生きていく必要があります。

しかし、動物のように「メシ」を食うことだけを人間らしい「生き方」だと考える人は、おそらくいないでしょう。

「生きる」ために「食べる」のか、「食べる」ために「生きる」のか、という問いがあります。人間にとって、「食べる」ことはもちろん必要です。しかし、「食べる」ことを超えた、人間らしい「生き方」を私たちは求めるのではないでしょうか。

子どもの問題と親の意識

昔、F君という高校生のお父さんから相談を受けたことがありました。

名門高校で生徒会活動に熱心に取り組んでいた息子が、急に様子がおかしくなり、自《じ》暴自棄《ぼうじき》になっているというのです。机のまわりに、自殺をほのめかすメモやロープが見つかって、ご両親はすっかり動転しておられました。

いったいＦ君に何があったのでしょうか。

本来、人間の生に対する執着は大変強く、死をおそれるものですが、若い人は、簡単に心が死に向かうことがあります。

こういうとき、最も避けなければならないのは、親が解決を焦ることです。大人が一見理解を示し、話を聴こうとしても、それは自分の考え方の枠組みの中での「無明《むみょう》」の行動にすぎないからです。

「おねしょ」の問題と同じように、まずは、自分の価値観をいったん全部捨てて、その上で起きてきた問題、自殺願望のＦ君の状況をまるごと受け容れることが大切です。

私たちにできることは、「あなたのことがわからない」と正直に伝えることだけです。「わからないから、あなたの思っていることをできるだけ教えてほしい」と伝え、Ｆ君が何を考えているのかを、少しずつ時間をかけて理解しようと努めるのです。

相手の話をそのように聴くことができたとき、私たちは、相手に対して自分が一方的にもっていたイメージに気づきます。それは、自分の中の固定観念に気づくことでもあります。どんな人にも固定観念があり、固定観念は問題解決の邪魔をします。

同時に、わが子の生死の問題に直面すると、親はわが身を振り返り、自分の生き方や考え方は果たしてこれでよいのかと問い直すことになります。子どもの人生について私たちが抱く不安は、実際には、自分自身が人生について抱いている不安と連動しているからです。

子どもの問題は、自分の不安がどこから生まれるのかを、私たちに考えさせるきっかけとして現れたともいえるのです。

ここで、「諸法無我《しょほうむが》」のことを思い出してください。それは、私たちの意識とF君の意識がひとつにつながる「空《くう》」の世界です。

自殺をさせないようにと親が説得しても、親の意識が不安と固定観念に満ちていれば、F君によい影響を与えることはありません。

私たち自身が人生を根本から明るい見方でとらえることができれば、「空《くう》」の次元の「宇宙意識」でひとつにつながったわが子の意識にもまた、明るい見方が生まれることになるのです。

Ｆ君に話を聞いてみると、彼の行動の背景には、それまで親しかった異性の友人の態度が変わったことなど、思春期特有の感情がありました。彼の話におかしな点はひとつもありませんでした。

「誰も自分を理解してくれない」と思い、すべてのことに意欲を失って生きる意味が見出せなくなっていたのでした。大人なら、気にもとめないような小さなできごとも、若い人は深刻にとらえ、心に変調をきたすことはよくあります。

問題が起きたとき、必要なのは、そこにかかわるすべての人の意識が転換することです。それによって、本人が次第に冷静になって自分の存在感を取り戻すことができれば、必ず問題は解決に向かいます。

幸いＦ君は、自分の存在感を取り戻すことができ、福祉関係の勉強をすることを決意しました。ご両親も、私のアドバイスに耳を傾け、わが子の問題を自分たち自身のこととして向き合ってくださったのです。

私たち人間には、人生の中で自分について考えるきっかけが何度も与えられます。これが人間と動物のちがいです。

自分をみつめることを繰り返し、そのたびに自分を深めながら人間は人間になっていくのだと思います。

「諸法無我」と「諸行無常」は別の概念

仏教のエッセンスは、「諸行無常《しょぎょうむじょう》」「諸法無我《しょほうむが》」「涅槃寂静《ねはんじゃくじょう》」の三つで、「三法印《さんぼういん》」と呼ばれています。

最も理解しやすいのが、静かな安らぎの境地である「涅槃寂静《ねはんじゃくじょう》」ではないでしょうか。

「諸行無常《しょぎょうむじょう》」もまた、「すべてのもの（諸行）は移り変わる（無常）」という意味がわかりやすく、『平家物語』の語り出しなどで、多くの人になじみのある言葉です。

しかし、「諸法無我《しょほうむが》」を前章の沢辺氏のように、「空《くう》」の理解に基づいてきちんと説明できる人は、ほとんどいないように思います。

よく聞く説明は、「何ごとも『諸行無常《しょぎょうむじょう》』なのだから、永遠不滅の実体などはない。『諸行無常《しょぎょうむじょう》』の『私（我）』も実体はない。『私』という観念そのものが虚構である。だから、『諸法無我《しょほうむが》』である」と言っているようなものです。

この説明の誤りは、「諸行無常《しょぎょうむじょう》」を使って「諸法無我《しょほうむが》」を説明していることです。「諸《しょ》行無常《ぎょうむじょう》」と「諸法無我《しょほうむが》」は、そもそも別のものとしてとらえなければ、般若心経の智慧《ちえ》を正確に理解することはできません。

私は、「諸行無常《しょぎょうむじょう》」と「諸法無我《しょほうむが》」とは、まったく別の概念としてとらえるべきであり、なおかつ互いに深い関連があると考えています。

「諸行《しょぎょう》」とは、私たちが暮らす有為《うい》の世界の部分的、個別的な現象のことです。その性質が常に移り変わる「無常」であることは、「縁起《えんぎ》」の次元の存在のしかたの特徴です。

一方、「法（ダルマ）」が「保つもの」であることから、「諸法《しょほう》」とは、現象を存在させる働きを意味しています。それはすなわち、「縁起《えんぎ》」の次元より高次の「空《くう》」の次元の力です。

意識は「空」に根ざし「縁起」に現れる

「諸法《しょほう》」とは、河の水全体とひとつひとつの泡の関係のように、「縁起《えんぎ》」の次元の「諸行《しょぎょう》」を現象させ、保つ働きです。

大切なのは、ひとつの泡は、泡であると同時に、大きな河でもあるという二重性をもっていることです。

自分の中に働く意識は、「縁起《えんぎ》」の次元での個別的な「私」の意識であるとともに、「空《くう》」の次元で、すべてとひとつにつながっている、「無我」なる「私」の意識でもあります。

みなさんは、このような感覚をもった経験はないでしょうか。

たしかに自分の心であり、自分の意識であると思うのに、何か自分の意志を超えた力が自分を突き動かしているかのように感じる瞬間があります。

ユニークな研究や大発見をしている科学者は、理屈ではないインスピレーションに突き動かされた経験があるといいます。科学者でなくても、理由もわからないままに、自分に働きかける力によって、仕事や境遇を新しく選びとる人もいます。

それは、私たち人間が、単に個別的な存在にとどまらず、普遍的な意識をもつことの現れだと思います。

スティーブン・グリア博士は、「**意識は分割できない**」とのべています。

ちっぽけな個別的な「我」は、大きな河に融《と》けこんで消えてなくなります。

個別的でない「無我」なる「私」の意識を通して、私たちは、個別的な「我」の制約や限界に気づき、制約から次第に解放されていきます。

そして、自分の所属する家族や職場、学校、あるいは民族、国家、地球、さらには太陽系、銀河系星雲、宇宙という具体的な「縁起《えんぎ》」の存在にかかわる場所や名称を超えて、そのどれにも属さない普遍的な宇宙意識（cosmic consciousness）の状態にまで自分の意識を解放していくことができるのです。

「諸法無我」と「色即是空」は表裏一体

自分の意識が普遍的な意識状態へと昇華していくとき、「私はすべてとひとつにつながっている」と感じることができます。ヨガを実践している人は、この感覚をグラウンディングとして体感しているでしょう。

そこでは、個別的な「我」がなくなり、「私はすべてである」ことが感じられます。

こうした意識の解放の過程において、見えたり聞こえたりするいろいろなものには、いわゆる心霊現象が含まれることもあります。しかし、それにとらわれてはなりません。なぜなら、それらはすべて個我である自分の意識がつくり出しているか、「縁起《えんぎ》」の世界の中での何かの象徴であるからです。

「諸法無我《しょほうむが》」の次元では、物事は、「縁起《えんぎ》」の次元のように、独立した現象ではなく、時空を超えてすべてが自他非分離《じたひぶんり》にひとつながりです。

これが「空《くう》」の次元での「一切法空《いっさいほうくう》」という存在のしかたです。ひとつの泡である「私」は、無為《むい》の世界では、すべての生命と分かちがたくその根源でつながり、ともに「一」を構成しています。そこには、もう泡としての個別の「私」は存在しません。ですから、「諸法無我《しょほうむが》」、すなわち、「『諸法』において、『我』は無い」のです。

逆にいえば、すべてを生み出す「一」というひとつながりの真実がなければ、有為《うい》の世界において、なぜさまざまな現象が互いに働きかけ合い、関係し合う「縁起《えんぎ》」の法則があるかの説明がつきません。

それぞれの現象は、もとを正せば、同じところから生まれているのです。

「縁起《えんぎ》」の次元の泡としての「私」を、五蘊《ごうん》の「色《しき》」で代表させてみると、泡としての「私」は「色《しき》」です。さらに、同時に「空《くう》」という大河でもある二重《デュアルの》存在です。「私」の存在のしかたがデュアルだから、「色即是空《しきそくぜくう》」という関係が成り立つのです。

逆に、「空《くう》」という大きな河全体から、ひとつひとつの泡が生まれ、「縁起《えんぎ》」の次元に現れていると考えれば、その関係は「空即是色《くうそくぜしき》」です。

私は、「色即是空《しきそくぜくう》」と「空即是色《くうそくぜしき》」は、表裏一体の関係と理解すべきと考えています。ＤＮＡの中に生命情報が折り畳まれているように、宇宙が「私」の中に折り畳まれているという意味では、私という「色《しき》」は、宇宙という「空《くう》」でもあります。同時にまた「空《くう》」なる宇宙は、そのひとつのメディアとして、私という「色《しき》」を「縁起《えんぎ》」の世界に存在させているのです。

メビウスの輪のように、裏と表の区別がつかないのです。

「縁起《えんぎ》」の世界の個々別々の真実は、「一切法空《いっさいほうくう》」という真実から生まれ、そのひとつひとつに「空《くう》」の世界の真実が映し出されていると理解することができます。

このような「縁起《えんぎ》」と「空《くう》」のデュアルな関係があるからこそ、般若心経の「色即是

空　空即是色」が成立するのだと、私は思います。

「空《くう》は無である」という解釈では、有為《うい》の世界の現象は、その存在の根拠がどこにもないことになってしまいます。これが、仏教が単なる虚無思想であるかのように誤解される原因をつくっています。

もちろん、仏教は、虚無思想などではありません。

難問があるから意識を転換できる

私たちが仏教に救いを求め、般若心経を唱えるのは、苦厄《くやく》を解消するためです。「般若波羅蜜多《はんにゃはらみった》」を反復し、困難な問題や状況に対して、「治る」「できる」「大丈夫」など、繰り返し自分に言い聞かせているのです。

本書では、「縁起《えんぎ》」の次元のとらわれた意識を、何とか「空《くう》」の意識に転換したとき、状況に変化が起きる事例を見てきました。

当然のことですが、どんな人も、意識を変容させようとして、変容させることは容易にはできません。これは、念写《ねんしゃ》をしようと思っても、なかなかできないのと同じです。

しかし、矛盾するようですが、心を傾けてそれをしようと思わなければ意識の変容が起こせないこともまた事実です。そのために「マインドフルネス」と称して瞑想を試みる人もいます。心身の状態を整える効果はもちろんあるでしょう。

ただ、意識の転換が起きるには、その人に何らかの切実なテーマや問題意識がなくてはなりません。

戦国時代の武将・上泉伊勢守《かみいずみいせのかみ》（上泉信綱）は、「柳生新陰流《やぎゅうしんかげりゅう》」の創始者として知られます。彼は戦いの場で「さあ、お斬《き》りなさい」、と敵の前に自らを差し出し、斬りこむ相手の動きに応じて攻撃する「活人剣《かつにんけん》」を編み出しました。

信綱は、自己中心的な「殺人剣《せつにんけん》」ではなく、相手も自分も含む全体の「場」を通して物を見ることによって、常に勝利できる普遍的な必勝技にたどり着いたのです（注）。

その背景には「内に神あれば妙外《みょうがい》に顕《あらわ》れる」という「神妙剣《しんみょうけん》」の存在があり、新陰流の剣は「見性成仏《けんせいじょうぶつ》」をはじめ禅の思想と一体となった「剣禅一如《けんぜんいちにょ》」に根差しています。

苦厄《くやく》がギフトであると思うのは、いやがおうでも自分の生き方に真剣に向き合うことを強いられるためです。**時には死を思うほどにつらい目の前の難問は、私たちにもっと**

深い根本的な意識の変革を促すきっかけとして登場しています。

それを知っていれば、無明《むみょう》の分別で解決に右往左往することなく、肚《はら》をすえて問題に向き合う姿勢ができてきます。

人間は「無明《むみょう》」であり、「縁起《えんぎ》」の世界に生きる「諸行無常《しょぎょうむじょう》」の存在です。仏教では、この根本的な構造から、「苦」が生み出されると説かれています。

私たちが暮らす社会では、科学の発展を含め、刻一刻と「縁起《えんぎ》」の世界が移り変わっていきます。どんなに立派な人も、むごい試練に見舞われることがあります。これまで通用してきたやり方が、突然、役に立たなくなることもあります。

しかし、その時々に出会う問題がきっかけとなって、私たちの「空《くう》」への理解をさらに深め、自分そのものを深めていくこともできるのです。

（注） 清水博『生命知と場の論理―柳生新陰流に見る共創の理』（中公新書、1996年）に詳しい。

またしても病から救われる

「苦」のひとつに、病気があります。

82歳のとき、私は心臓弁膜症の手術をしました。手術を受けると決意するまでに私にもたらされた縁の巡り合わせは、幸運としか言いようのないものでした。私たちは、縁に悩まされることもありますが、縁に助けられて生かされてもいるのです。

２００１年、それまで住んでいた大阪から兵庫県に居を移した頃、私は、心臓の発作で倒れ、救急車で運ばれました。以来、だましだましからだをいたわってきましたが、歩くと息苦しさがあり、7～8年後に、よこたクリニック（尼崎市）の横田直美先生の診察を受けました。

レントゲンを撮ると心臓の肥大が明らかです。本来ならば即刻入院か専門医の受診が必要なところ、処方された漢方薬のおかげで、なんとか元気にしていました。

3年ほど経って、いよいよ専門医でなくては手に負えなくなった頃、河崎医院（南あわじ市）の日笠久美先生から横田先生にご連絡が行き、当時西宮市で診療しておられた高名な心臓内科医・吉川純一先生（故人）に紹介していただきました。

診察を受け、すぐに私の少年期の関節リウマチのことを言い当てられたのには、驚きました。私は、小学校6年生の頃、ある日突然手足に力が入らず、立てなくなって入院したことがありました。その時に、心臓弁膜症になっていたらしいのです。

幼少期から病弱なからだがコンプレックスでしたが、その時の病気が、いまに至るまで続いていたことを知り、謎が解けた思いでした。

原因を知った私は、病を得たことによって、より深い問題が解決される時が来たことがわかりました。しかも、この3人の先生方には、偶然私の娘がお世話になっていました。不思議なご縁の導きがあったのです。

「手術は成功する！」と確信した私は、すぐに入院して人工弁置換の大手術を受けました。右心房にあったいくつもの大きな血栓を取り除いてもらいました。関西弁の先生方は、血栓をしみじみ眺めては、「よう生きてましたなあ！」と、感心していました。

一級障害者とはなりましたが、私は、再び元気にこの世によみがえることができました。人生でいくつもの危機を経験し、それらをくぐり抜けることで、世の中がだんだんとよく見えるようになってきた気がします。

幸い私は、ある方のご紹介で以前から大変からだにいい水を愛飲しており、退院後も、せっせとその水を飲んで今日まで元気に過ごしています[注1]。

その水からは、水と生命の関係について「アクアフォトミクス」[注2]という新しい研究分野が生まれ、タンパク質の研究者であるツェンコヴァ・ルミアーナ先生（神戸大学農学部教授）を中心に国際な活動も展開されています。

（注1）　株式会社ゆの里の「神秘の水」は、難病の人の健康回復に役立った例が多いことで知られる。

（注2）　アクアフォトミクス（Aquaphotomics）「水（aqua）」と「光（photo）」と「網羅的な解析（omics）」との合成語で、光を用いた水の網羅的な解析を指す。令和元年、ゆの里ではアクアフォトミクスの研究所を着工。

人間に与えられた「自分」を知るチャンス

人間が他の動物とはっきり異なる点は、「自分とは何か」、あるいは、「自分は何のためにこの人生を生きているのか」という問いをもつことです。

人生の難問との遭遇が、その問いを引き出してくれます。

私は、「自分とは何か」を問い、生きる意味を考えた時に、般若心経に出会いました。

そして、「縁起《えんぎ》」と「空《くう》」の関係に気づくことで、「問題が解決を求めて現れる」ことを、何度も実感してきました。

般若心経を読みこんでいくうちに、人生に向かう姿勢を教えられたように思います。

私にとって、般若心経は、人生の教科書のようなもの、常に立ち返る原点でもあります。

般若心経から学んだことは、あなたや私という個々の存在が、「縁起《えんぎ》」の世界に生きる「現象としての自分」であるということです。

「現象としての自分」は部分的な存在であり、宇宙・自然という大きな生命とひとつながりの「本質としての自分」によって生み出され育てられた、大きな河の中のひとつの泡にすぎません。

大きな河という「自分」は、個別的な「現象としての自分」を超えた存在です。

人間らしい「生き方」とは、「縁起《えんぎ》」の世界の個別的な「現象としての自分」から、「空《くう》」の世界の「本質としての自分」になっていくことではないでしょうか。

これまでみてきたように、人間の活動の根本には、「自分」の中に働く「意識」があります。仏教的な表現では、すべての活動は、身口意《しんくい》に集約されます。

さまざまな知識も、「意識」の働きを通して私たちに与えられ、情報を与えてくれる「メディア（媒体）」です。

また、人間そのものも、自分の「意識」を通して、その「メディア」（知識や情報）に反応する「メディア」です。

苦しいときや悩むとき、**自分に起きてきたことのすべては「メディア」である**と気づいてください。そしてその「メディア」が、どんなふうに存在しているか、そのとき、自分の意識の状態がどうなっているかを観察してください。

いまは、どれほどとらわれた状態であっても、私たちの意識は、常に「空《くう》」へと開かれています。そこは、一切の苦しみと厄難から解放された世界です。

それがわかったとき、私たちは、智慧《ちえ》を与えてくれた般若心経からも自由になることができます。

般若心経もまた、ひとつのメディアです。この貴重なメディアを繰り返し読んで、私たちの人生のガイドとして活用していくために、本書がお役に立てば、これほどうれしいことはありません。

あとがき

私が住んでいる兵庫県豊岡市は、日本の政治史に名を残す政治家・斎藤隆夫の出身地です。明治の終わりから大正、戦前、戦後まで活躍したこの政治家は、「軍部全盛の時代に言うべきことを言った人」として知られます。

齋藤隆夫は豊岡市出石《いずし》町に生まれ、東京とニューヨークに学び、弁護士から政治家へと転身しました。「ネズミの殿様」と呼ばれた外見に反してその演説は迫力に満ち、古代ローマのマルクス・アントニウスに並び称されるほどでした。

評伝『斎藤隆夫かく戦えり』（文藝春秋）によると、氏は反軍思想家でも反戦政治家でもない、いわば戦前のごく平均的な日本人でした。問題を瞬間的にとらえて批評するデジタル型ではなく、時間軸の中でとらえ、考えるアナログ型思考の人でもあったようです。

当時の日本では、満州事変以後、いくつかの軍事クーデターが起こりました。昭和六年の五・一五事件で犬養毅《いぬかいつよし》首相が暗殺され、昭和十一年には二・二六事件が発生し、庶民の間には横暴な軍部（陸海軍の総称）に対する不安が広がっていました。

内閣総理大臣・広田弘毅《ひろたこうき》は、二・二六事件の引責で総辞職した岡田啓介の後を受け、「庶政一新」を掲げました。このとき、議会で斎藤隆夫が行ったのが有名な「粛軍演説《しゅくぐんえんぜつ》」です。

「改革の決意があるならば具体的な方法と内容を聞きたい」、「問題は制度ではなく制度を運用する人である」、「総理大臣が内閣の統一が取れないならば、それは全く総理大臣の罪である」と、鋭く糾弾《きゅうだん》しました。

五・一五事件の裁判を熱心に聴講していた斎藤は、青年将校たちの心情に対し一定の理解を示しながら、「思慮浅薄《しりょせんぱく》なる一部の人々」の思想の単純さを危険視しています。

「元来、わが国民には、ややもすれば外国思想の影響を受けやすい分子がある」という指摘は、民主主義や共産主義が急速な勢いで流行することへの警告であり、現代にも十分通用する指摘です。

さらに、満州事変の年の二つのクーデター未遂事件に触れ、軍部がこれらを闇から闇に葬り去ることなく、徹底した処置をとっていれば、五・一五事件と二・二六事件は未然に防げたのではないかと詰め寄ってもいます。

そもそも広田内閣は、軍部から「軍は悪くない、みんな政治が悪いのだ」と改革を迫られて成立した経緯があります。

斎藤は、もちろんこの文脈に沿って、立憲政治家が政治圏外にあるところの軍部の一角と通謀《つうぼう》して自己の野心を遂げるという堕落を厳しく追及しました。いまの日本でも、政治圏外にある組織や団体の利益を優先した政策が深刻な問題を引き起こしていますが、齋藤隆夫のように筋を通す政治家はもういません。

『斎藤隆夫かく戦えり』の出版を機に出石に建てられた斎藤隆夫記念館は、著者・草柳大蔵氏（故人）によって「静思堂《せいしどう》」と命名されました。そこでは静思塾と称して、時々座禅会などが開かれていました。

草柳氏とは、その昔、出石の願成寺《がんじょうじ》で催されたお月見パーティーで一度お目にかかったことがあります。

60歳を少し出たばかりの草柳氏は、ジーンズに薄い水色のセーターというラフないでたちで、終始リラックスして歓談しておられました。美しい月の下、弦楽四重奏が「円《まる》山川舟歌《やまがわふなうた》」を奏でていました。

願成寺といえば、ご住職の濟秀道《わたるしゅうどう》氏が、以前私が出した『「無明《むみょう》」の闇を照らす般若心経』（朱鷺書房）を面白がって、仏教関係者に何冊も配布してくださったことがありました。前著では通説に反論を試みた部分もありましたが、今回は、私が探求したことを淡々と文章にするよう努めました。

濟氏とは、静思塾初代塾長であった西村忠義氏（神戸新聞社元但馬総局長、故人）の紹介で出会いました。新しい本にご期待くださっていましたが、残念ながら２０１８年、故人となられました。

願成寺は、大河ドラマ「八重の桜」と縁のあるお寺です。前々から私は、「願いが成就していく」というお寺の名前を素晴らしいと思っていました。願いが成就する背景には、私たちがあずかり知らぬさまざまな「縁」の働きがあります。「縁起《えんぎ》」の法則は、時に私たちに難問を突きつけ、時に救いをもたらす不思議な力です。

本書と『あなたがはじまる般若心経　ｖｅｒ．１』では、人間の「無明《むみょう》」と「縁起《えんぎ》」に関係があること、意識を「空《くう》」へと解放することが問題の解決につながることを繰り返しのべてきました。

「縁がある」とは、その人自身の思いはからいを超えた導きがあるという意味です。

そろそろ90年になる私の人生も、数々の有難い縁の賜物です。

大連や豊岡、神戸、大阪に縁があったことで、たくさんの方々と知り合い、貴重な教えを受けてきました。病気のたびに心ある医師の先生方に助けていただきました。そして、本書でもまた明窓出版株式会社の麻生真澄社長のお世話になりました。

人生は難問の連続ですが、おのずから「成っていく世界」があることを信じ、前向きな心で新しい時代を共に創る仲間が少しずつ増えてきたと感じます。

般若心経を取り上げた私の本が、新しい時代を切り拓くささやかなヒントになることを願っています。

令和二年二月

著　者

般若波羅蜜多心経　全文（漢訳）

観自在菩薩行深般若波羅蜜多時　照見五蘊皆空度一切苦厄

舎利子色不異空空不異色　色即是空空即是色

受想行識亦復如是　舎利子是諸法空相

不生不滅不垢不浄不増不減　是故空中無色無受想行識

無眼耳鼻舌身意無色声香味触法　無眼界乃至無意識界

無無明亦無無明尽　乃至無老死亦無老死尽

無苦集滅道無智亦無得以無所得故　菩提薩垂依般若波羅蜜多故
心無罣礙無罣礙故無有恐怖　遠離一切顛倒夢想究竟涅槃
三世諸仏依般若波羅蜜多故　得阿耨多羅三藐三菩提
故知般若波羅蜜多　是大神呪是大明呪是無上呪
是無等等呪　能除一切苦真実不虚
故説般若波羅蜜多呪即説呪曰　羯諦羯諦波羅羯諦
波羅僧羯諦菩提薩婆訶　般若心経

【参考文献】

第１章

＊1 重松昭春『あなたがはじまる・般若心経 ver．1　問題は解決を求めて現れる』、明窓出版、２０１９年

＊2 ジョージ・アダムスキー、久保田八郎（訳）、『空飛ぶ円盤同乗記』、高文社、１９５７年

＊3 ジョージ・アダムスキー、久保田八郎（訳）、『空飛ぶ円盤の真相』、高文社、１９６２年

＊4 ラリー・ドッシー、栗野 康和（訳）、『時間・空間・医療―プロセスとしての身体』、めるくまーる、１９９７年

＊5 ブルース・リプトン、西尾香苗（訳）、『思考のすごい力』、ＰＨＰ研究所、２００９年

＊6 スティーヴン・グリア、前田樹子（訳）、『ＵＦＯテクノロジー隠蔽工作』、めるくまーる、２００８年

＊7 佐藤守、『実録 自衛隊パイロットたちが接近遭遇したＵＦＯ』、講談社、２０１０年）

＊8 アレキシス・カレル、渡部昇一（訳）、『人間　この未知なるもの』、三笠書房（知的生き方文庫）、１９９２年

＊9 アンリ・ベルクソン、竹内信夫訳「意識と生命活動」『新訳ベルクソン全集5　精神のエネルギー』、白水社、２０１４年

＊10 ラリー・ドッシー、上野圭一他（訳）、『魂の再発見』、春秋社、１９９２年

＊11 宮内力、『現代の念写とその実験的証明――あなたは、精神が直接に写真感光する事実を知っていますか?』、念写協会１９７２年

＊12 山本七平、『宗教について』、ＰＨＰ研究所、１９９５年

＊13 竹内薫、『99・9％は仮説―思いこみで判断しないための考え方』、光文社新書、２００６年

＊14 池田清彦、『科学教の迷信』、洋泉社、１９９６年

＊15　今西錦司、『ダーウィン論』、中公新書、１９７７年
＊16　笠原敏雄、『幸せを拒む病』、フォレスト出版、２０１６年
＊17　野口晴哉、『健康生活の原理』、全生社、１９７６年
＊18　村上陽一郎、『西欧近代科学』、新曜社、２００２年
＊19　村上陽一郎、『奇跡を考える　科学と宗教』、講談社学術文庫、２０１４年
＊20　原田武夫、『世界通貨戦争後の支配者たち』、小学館、２０１１年
＊21　池田清彦、『科学とオカルト―際限なき「コントロール願望」のゆくえ』、ＰＨＰ新書、１９９８年
＊22　チャールズ・タート、井村宏治他（訳）、『サイ・パワー――意識科学の最前線』、工作舎、１９８２年
＊23　直道会、『超常の人　三田光一の足跡』、１９８０年
＊24　パラマハンサ・ヨガナンダ、『ヨガ行者の一生――あるヨギの自叙伝』、関書房新社、１９６０年、１９７５年改訂
＊25　三田善靖、『霊感・三田光一の霊能開発書』、帝国自覚会、１９３２年

第２章

＊１　重松昭春『あなたがはじまる・般若心経ｖｅｒ．１　問題は解決を求めて現れる』、明窓出版、２０１９年
＊２　ヘレン・ミアーズ、伊藤延司（訳）、『アメリカの鏡・日本　完全版』、角川文庫、２０１５年
＊３　青山繁晴、『危機にこそぼくらは甦る』、扶桑社新書、２０１７年
＊４　加瀬英明、藤井厳喜他、『日米戦争を起こしたのは誰か　ルーズベルトの罪状・フーバー大統領回顧録を論ず』、勉誠出版、２０１６年
＊５　ジェイソン・モーガン、『日本国憲法は日本の恥である』、悟空出版、２０１８年

＊6　藤原正彦、『日本人の誇り』、文春新書、２０１１年

＊7　小室直樹、山本七平、『日本教の社会学』、講談社、１９８１年

＊8　小学校学習指導要領（平成29年告示）解説・国語編 http://www.mext.go.jp/component/a_menu/education/micro_detail/__icsFiles/afieldfile/2019/03/18/1387017_002.pdf

＊9　中学校学習指導要領（平成29年告示）解説・国語編 http://www.mext.go.jp/component/a_menu/education/micro_detail/__icsFiles/afieldfile/2018/05/07/1384661_5_4.pdf

＊10　草柳大蔵、『絶筆　日本人への遺言』、海竜社、２００３年

＊11　新井紀子、『ＡＩ vs. 教科書が読めない子どもたち』、東洋経済新報社、２０１７年

＊12　濱野恵一、『脳とテレパシー』、河出書房新社、１９９６年

＊13　ジェフリー・M・シュウォーツとシャロン・ベグレイ、吉田利子（訳）、『心が脳を変える』、サンマーク出版、２００４年

＊14　藤田恒夫、『腸は考える』、岩波新書、１９９１年

＊15　藤原正彦、『祖国とは国語』、新潮文庫、２００５年

＊16　竹内薫、『理系バカと文系バカ』、ＰＨＰ新書、２００９年

＊17　堤未果、『日本が売られる』、幻冬舎新書、２０１８年

＊18　特集「文系と理系がなくなる日」、中央公論、２０１９年4月号

＊19　黒田寛一、『ヘーゲルとマルクス――技術論と史的唯物論・序説』、理論社、１９５２年

＊20　リチャード・E・ニスベット著、村本由紀子（訳）、『木を見る西洋人 森を見る東洋人――思考の違いはいかにして生まれるか』、ダイヤモンド社、２００４年

＊21　フランシス・ワン仏訳、小野繁（訳）、『孫子』、葦書房、１９９３年

第３章

＊１　沢辺悟明・沢辺恭一、『仏陀が説かれた真理』、三学出版、１９８５年

＊２　岩根和郎、『改訂版 暗号は解読された 般若心経』、星雲社、２０１４年

＊３　清水博、『〈いのち〉の自己組織　共に生きていく原理に向かって』、東京大学出版会、２０１６年

＊４　場の研究所で使われる特徴的なことばについて https://www.banokenkyujo.org/banokotoba/

＊５　坂本光司、『日本でいちばん大切にしたい会社』、あさ出版、２００８年

＊６　前野隆　他、『幸福学×経営学　次世代日本型組織が世界を変える』、内外出版社、２０１８年

＊７　二重存在と日本の表現、場のシンポジウム２０１８ https://www.banokenkyujo.org/banosymposium2018/

＊８　清水博、『〈いのち〉の普遍学』、春秋社、２０１３年

＊９　リン・マクタガート、野中浩一訳、『フィールド　響き合う生命・意識・宇宙』、河出書房新社、２００４年

＊10　宮内力、光の湧き出し現象の解明、『科学と精神世界の出合い』、たま出版、１９８０年

＊11　佐藤典司、『複素数思考とは何か。―関係性の価値の時代へ』、経済産業調査会、２０１６年

＊12　米国防総省のＵＦＯ研究、地球外生命の証拠「確信」と元責任者。https://www.cnn.co.jp/fringe/35112181.html. 2017.12.19 Tue posted at 14:25 JST

＊13　スティーヴン・グリア、前田樹子（訳）、『ＵＦＯテクノロジー隠蔽工作』、めるくまーる、２００８年

＊14　ウォルター・サリヴァン、上田彦二（訳）、『われわれは孤独ではない　宇宙に知的生命を探る』、早川書房、１９６７年

第４章

＊１　中村元、『ブッダ　悪魔との対話』、岩波文庫、１９８６年

＊2　苫米地英人、『スピリチュアリズム』、にんげん出版、2007年
＊3　三田善靖、『霊感・三田光一の霊能開発書』、帝国自覚会、1932年
＊4　鵜飼秀徳、『無葬社会』、日経BP社、2016年
＊5　鵜飼秀徳、『寺院生滅』、日経BP社、2015年
＊6　大野晋、『日本人の神』、河出文庫、2013年
＊7　イザヤ・ベンダサン、山本七平（訳）、『日本教について』文藝春秋、1972年

た

さ

索　引

六波羅蜜《ろくはらみつ》　悟りを得るために実践すべき六つの徳目

布施（ふせ）	人のために惜しみなく有形無形にほどこすこと
持戒（じかい）	つつしむこと
忍辱（にんにく）	耐え忍ぶこと
精進（しょうじん）	最善を尽くして努力し励むこと
禅定（ぜんじょう）	心身を鎮めて集中すること
智慧（ちえ）	知識ではなく智慧を得ること

四無量心《しむりょうしん》　自他の区別なく、あらゆる人に限りなく「慈」「悲」「喜」「捨」の四つの心を注ぐこと

慈無量心（じむりょうしん）	幸福を願う他の人の心が、自分の幸福を実感するのと同じになる心
悲無量心（ひむりょうしん）	苦を取り除こうと願う他の人の心が、自分の苦を取り除くのと同じになる心
喜無量心（きむりょうしん）	喜びを願う他の人の心が、自分の喜びを得るのと同じになる心
捨無量心（しゃむりょうしん）	恨みや怒りを捨てようと願う他の人の心が、自分の恨みや怒りを捨て去るのと同じになる心

五蘊の「想」	有（う）	縁起の法則（五蘊・十二因縁）に依存してこの世に生存しようとする心身の働き
	生（しょう）	縁起の法則（五蘊・十二因縁）が支配するこの世に生じさせる働き
	老死（ろうし）	「生」の結果、老いや死などの苦を生み出す働き

四諦《したい》　仏陀が説いた四つの真理。「四聖諦（ししょうたい）」ともいう

苦諦（くたい）	この世（有為の世界）は「苦」であり、思いどおりにはならないこと
集諦（じったい）	「苦」は「縁」に依存することから生まれ、「無明」を滅しないかぎり「苦」から抜け出せないこと
滅諦（めったい）	「無明」を滅すればこの世の諸縁から解放され、涅槃の境地に至ることができること
道諦（どうたい）	涅槃の境地に至るためには「八正道」を実践しなければならないこと

八正道《はっしょうどう》　悟りを得るために実践すべき八つの徳目

正見（しょうけん）	「四諦」の道理を正しく見ること
正思惟（しょうしゆい）	正しく考えること
正語（しょうご）	正しく語ること
正業（しょうぎょう）	正しい行いをすること
正命（しょうみょう）	正しい生活をすること
正精進（しょうしょうじん）	正しい努力をすること
正念（しょうねん）	「正見」を得る目的を念じ、忘れないこと
正定（しょうじょう）	正しく清浄な「禅定」に入ること

十二因縁《じゅうにいんねん》	人間では、「五蘊」が人間を形成する内在的な諸縁として「十二因縁」という特殊な形をとって現れる。「十二縁起（じゅうにえんぎ）」ともいう

無明（むみょう）　自分や世界のとらえ方を理解していない人間の根本的な無知と、無知であることに気づかない人間の未成熟な意識。人間は「十二因縁」に依存して、「縁起」の次元に生きている「無明」の存在

五蘊の「行」

行（ぎょう）　この世（有為の世界）のあらゆる現象（諸行）を生成し、維持し、変化させ、消滅させる「生（しょう）・住（じゅう）・異（い）・滅（めつ）」の働き。また「生・住・異・滅」などの変化をするようにつくられた無常な物事

五蘊の「識」

識（しき）　人間としての共通の性質だけでなく、どのような天体に、どのような種族、社会環境、地域に、どのような両親を「縁」として、どのような遺伝的特徴や意識をもって生まれてくるかを決める働き

五蘊の「色」

名色（みょうしき）　個性的な特徴をもってこの世に現れる働き

六入（ろくにゅう）　「眼根（げんこん）」「耳根（にこん）」「鼻根（びこん）」「舌根（ぜっこん）」「身根（しんこん）」の五根（五つの器官と、それによって感覚・知覚する能力）に「意根（いこん）」を加えた六つの働き。「意根」には、頭脳や顕在化していない意識も含む

触（そく）　「六入」が外界を感覚し、知覚し、認識するために外在する諸縁と接触する働き

五蘊の「受」

受（じゅ）　感受したものを意識および無意識に記憶させる働き。また、その記憶

愛（あい）　次々と欲望の対象を生み出し、しかも決してそれに満足しない心身の働き

取（しゅ）　欲望の対象を次々と取得したいと願う心身の働き

重松 昭春（しげまつ あきはる）

1930（昭和 5）年、大連生まれ。1953（昭和 28）年、神戸大学経済学部卒業、同大学大学院へ進み、中退。民間企業に就職ののち、1961（昭和 36）年、能力開発研究会設立、1983（昭和 58）年、株式会社システムラーニングインスティテュート設立。
子どもから大人までの能力開発・教育活動とともに、仏教研究に取り組む。著書に、『般若心経の真義』『無明の闇を照らす般若心経」（いずれも朱鷺書房）、『お母さん！ プラス思考で子育てしましょう』（PHP 研究所）、『あなたがはじまる般若心経 ver.1 問題は解決を求めて現れる』（明窓出版）がある。

あなたがはじまる般若心経《はんにゃしんぎょう》 ver.0
問題《もんだい》に出会《であ》い「自分《じぶん》」がわかる

令和二年 三月三十一日 初刷発行

著 者 重松 昭春
編 集 編集企画 音緒《ねお》
デザイン・制作 AND'K
発行者 麻生 真澄
発行所 明窓出版株式会社
〒164－0012 東京都中野区本町 6-27-13
電 話 (03) 3380－8303
FAX (03) 3380－6424
振 替 00160－1－192766
印刷製本 中央精版印刷株式会社

落丁・乱丁はお取り替えいたします。
定価はカバーに表示してあります。

ISBN978-4-89634-412-7

明窓出版

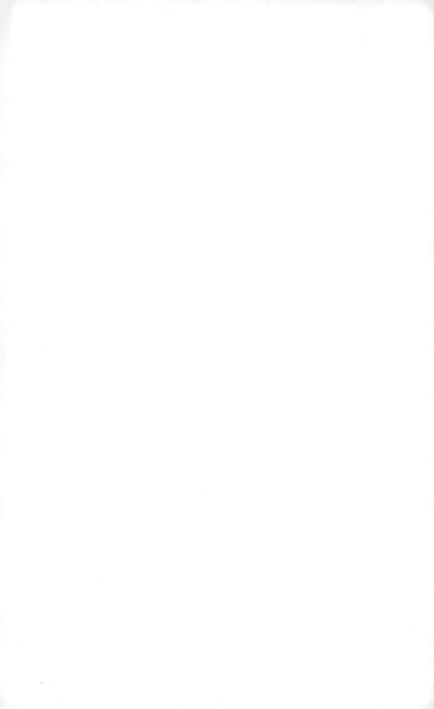